Prof. Dr. DIAN DAMAYANTI
EKE C.ANDRIYANI, SH

# DESENVOLVIMENTO DA GESTÃO DA CAPITAL NUSANTARA

Dr. I DEWA KETUT KERTA WIDANA
Prof. Dr. DIAN DAMAYANTI
EKE C.ANDRIYANI, SH

# DESENVOLVIMENTO DA GESTÃO DA CAPITAL NUSANTARA

## DA REPÚBLICA DA INDONÉSIA

ScienciaScripts

Publisher:
Sciencia Scripts
is a trademark of
Dodo Books Indian Ocean Ltd. and OmniScriptum S.R.L publishing group

120 High Road, East Finchley, London, N2 9ED, United Kingdom
Str. Armeneasca 28/1, office 1, Chisinau MD-2012, Republic of Moldova, Europe

ISBN: 978-620-5-58027-1

# DESENVOLVIMENTO DA GESTÃO DA CAPITAL NUSANTARA DA REPÚBLICA DA INDONÉSIA

**Arranjado por:**

## Dr. I DEWA KETUT KERTA WIDANA, SKM., MKKKK., CIQnR., CIQaR., CIMMR

### Prof. Dr. DIAN DAMAYANTI EKE C.ANDRIYANI, SH

# DESENVOLVIMENTO DA GESTÃO DA CAPITAL NUSANTARA DA REPÚBLICA DA INDONÉSIA

Arranjado por:

**Dr. I DEWA KETUT KERTA WIDANA, SKM., MKKKK., CIQnR., CIQaR., CIMMR**

**Prof. Dr. DIAN DAMAYANTI EKE C.ANDRIYANI, SH**

# DESENVOLVIMENTO DA GESTÃO DA CAPITAL NUSANTARA DA REPÚBLICA DA INDONÉSIA

**Arranjado por:**

## Dr. I DEWA KETUT KERTA WIDANA, SKM., MKKKK., CIQnR., CIQaR., CIMMR

## Prof. Dr. DIAN DAMAYANTI EKE C.ANDRIYANI, SH

# OBRIGADO

Na conclusão desta investigação, o autor recebeu muita ajuda e atenção que não foi elevada por várias partes. Por esta razão, o autor expressa a sua gratidão:

1. Louvado seja o escritor pela presença de Alá SWT, por causa da Sua misericórdia, orientação e bênçãos e acrescentada com entusiasmo e trabalho árduo

2. A honorável Ir. H. Joko Widodo Presidente da República da Indonésia.

3. Ministério da Secretaria de Estado da República da Indonésia

4. Ministério da Educação e Cultura da República da Indonésia

5. Ministério da Investigação, Tecnologia e Ensino Superior da República da Indonésia

6. Ministro das Finanças da República da Indonésia.

7. Ministério do Direito e dos Direitos Humanos da República da Indonésia

8. Ministério dos Negócios Estrangeiros da República da Indonésia

9. Ministério da Defesa da República da Indonésia

10. Ministro do Planeamento do Desenvolvimento Nacional / Chefe da Agência Nacional de Planeamento do Desenvolvimento, República da Indonésia

11. Ministério dos Transportes da República da Indonésia

12. Força Aérea Nacional do Exército Indonésio

13. Caros A ambos os pais, família que sempre ajudam, apoiam, acompanham, motivam e rezam melhor por Deus. A todos os amigos - amigos que me ajudaram e apoiaram na conclusão deste livro.

Obrigado pela ajuda e orientação de todas as partes que são verdadeiramente inestimáveis, esperemos que Deus Todo-Poderoso responda com o melhor.

*"Em nome de Alá, o Muito Gracioso, o Misericordioso".*

*Nosso Senhor! Concede-nos misericórdia de Ti, e facilita-nos o nosso caso da maneira correcta! Ó Alá, pedimos-te segurança, e bem-estar ou frescura no corpo e conhecimento adicional, e a misericórdia das tuas bênçãos, ó Alá, sustento e arrependimento, e perdão de todos os pecados. "Em nome de Alá, o Muito Gracioso, o Misericordioso". Nosso Senhor! Concede-nos misericórdia de Ti, e facilita-nos o nosso caso da forma correcta! Ó Alá, pedimos-te segurança, e bem-estar ou frescura no corpo e conhecimento adicional, e a misericórdia das tuas bênçãos. Ó Alá, sustento, e arrependimento, e perdão de todos os pecados. Ó Alá, pedimos-te protecção, por tudo aquilo que nos deste de segurança e misericórdia e bênçãos, perdoa os nossos erros, os nossos pais, parceiros e também os nossos descendentes e toda a criação de Alá. Alá, concede sempre favores, fortuna, mantém-nos na bondade e segurança do além, entra no teu céu sem ser sugado no último dia, seguro e saudável. Ó Alá, abençoai todas as vossas criações neste mundo e no além, honrai a nossa chegada. Ó Alá, purifica-nos de todos os nossos pecados, expande o nosso lugar e os nossos corações, substitui-nos por uma casa que é tão bela e luxuosa neste mundo e no além, o céu de Alá tratar-nos-á neste mundo. e no além, Alá está cheio de gratidão e cheio de amor e graça, e também cheio de bênçãos, dá-nos os melhores parceiros e descendentes no mundo e no além, ó Alá, dá-nos uma vida pacífica no mundo e no além, transmite todas as nossas práticas que são benéficas para todo o povo de Alá. Ó Alá, peço-te, ó Alá, a todos aqueles que prejudicaram, mentiram ou enganaram a minha família e aqueles que prejudicaram os meus pais, peço-te, ó Alá, tira todas as bênçãos da sua vida e tira a sua vida e entra no inferno mais profundo, amém*

# DESENVOLVIMENTO DA GESTÃO DA CAPITAL NUSANTARA DA REPÚBLICA DA INDONÉSIA

*Dr. I DEWA KETUT KERTA WIDANA, SKM., MKKKK., CIQnR., CIQaR., CIMMR, Prof. Dr. DIAN DAMAYANTI, EKE C.ANDRIYANI, SH*

*Universidade de Defesa da República da Indonésia, Procurador-Geral da República da Indonésia, Conselho Editorial, Conselho de Revisão, Conselho Consultivo Aliança Europeia para a Inovação editora, IGI GLOBAL Editora, Membro IEEE A maior organização profissional técnica mundial para o avanço da tecnologia, Conselheiro Mendeley ELSEVIER, NAÇÕES UNIDAS*

*dkwidana@idu.ac.id Diandamayanti17@gmail.com*

## ABSTRACT

O desenvolvimento da Capital de Nusantara destina-se a apoiar a sua realização dos objectivos nacionais na nação e no Estado, tal como estabelecido na abertura da Constituição de 1945; apoiar a realização da Visão Indonésia 2045, nomeadamente Soberana, Avançada, Justa e Próspera; e as aspirações da nação Indonésia de se tornar um país de alto rendimento para que possa fazer parte das cinco principais potências económicas mundiais em 2045. Visão da Indonésia O ano 2045 é construído com + (quatro) pilares que têm em conta as megatendências globais até 2045. Os quatro pilares para alcançar a Visão da Indonésia de 2045 são: (1) Desenvolvimento Humano e Domínio da Ciência e Tecnologia; (2) Desenvolvimento Económico Sustentável; (3) Desenvolvimento Equitativo; Endurance Strengthening National and Governance. Os Pilares de Desenvolvimento da Indonésia de 2045 formam a base para o desenvolvimento da Capital Nusantara, que se espera se torne um futuro padrão de desenvolvimento regional como parte do sonho da Indonésia de 2045, nomeadamente: (1) Recursos O povo indonésio cuja inteligência supera outras nações do mundo; (2) Sociedade indonésia que defende o pluralismo, a cultura, a religião e os valores éticos; (3) A Indonésia torna-se o centro da educação, da tecnologia e da civilização mundial; (+1 Sociedade e aparelho governamental livre de corrupção; (5) Desenvolvimento de infra-estruturas uniformemente distribuídas por toda a Indonésia; (6) A Indonésia torna-se um país independente e o país mais influente da Ásia-Pacífico; e (7) A Indonésia torna-se o barómetro do crescimento económico mundial.

Palavras-chave: Desenvolvimento, Governação, Educação

8

# LISTA DE CONTEÚDOS

# CAPÍTULO 1
## INTRODUÇÃO

Antecedentes.

A estipulação de Jacarta como Capital do Estado da Indonésia em Inicialmente, foi uma determinação baseada no hábito na história do colonialismo no arquipélago. Jacarta é na realidade o legado do COV e do governo colonial holandês das Índias Orientais do desenvolvimento da cidade portuária 'Jayakarta' em 1619. A escolha da localização da capital das Índias Orientais Holandesas baseou-se em: a consideração dos interesses administrativos do COV na altura tem o monopólio do comércio e das actividades coloniais no território concedido pelo Parlamento holandês desde 1602. Oficialmente, o governo da cidade de Batavia (Stad Batavia) foi formado a 4 de Março de 1621. Durante 8 anos, a cidade de Batávia expandiu-se 3 vezes. A construção está concluída em 1650. Como centro de actividade para os holandeses nas Índias Orientais Holandesas, Batavia passou a ser conhecida como a "Rainha" do Oriente, representando os interesses holandeses em relação ao comércio. Durante a ocupação japonesa em 1942, o nome Batavia foi alterado pelo governo militar japonês para 'Jacarta'. Este assunto foi levado a cabo como uma estratégia para atrair os corações da população Indonésia. Juntamente com a declaração da independência da Indonésia em 17 de Agosto de 1945, os fundadores do Estado estabeleceram Jacarta como a capital da República da Indonésia. No caminho para lá, a capital foi transferida devido a um acordo com os colonialistas holandeses e devido às condições de emergência durante a guerra de independência de 1945-1949. Mas então a capital voltou para Jacarta pela próxima vez, juntamente com a transferência da soberania indonésia dos Países Baixos a 27 de Dezembro de 1949, que está actualmente em vigor. A viagem da história mostra que a determinação de Jacarta como capital é um costume e uma prática de facto do governo ao longo da história. De jure, desde 1961, Jacarta tem sido designada como a Capital da República da Indonésia, com base no Stipulation President No. 2 of

10

1961 jo. Lei PNPS N.º 2 de 1961. Depois disso, sucessivamente, várias leis estipulam novamente Jacarta como a Região da Capital Especial (DKI), desde a Lei n.º 11 de 1990, Lei n.º 34 de 1999, até à última, que ainda hoje é válida, regulamentada pela Lei n.º 29 de 2007 relativa ao Governo Provincial da Região da Capital Especial de Jacarta como a capital da República da Indonésia. Contudo, até agora, não houve uma única lei que regulasse especificamente a Capital do Estado. As leis aprovadas de 1961 a 2007 são A lei que estabelece Jacarta como a capital O país, que então é regulado sobre várias coisas relativas à governação, forma, e estrutura do governo em Jacarta como um ajustamento à estipulação. Em relação a isso, recentemente o Ministério da Administração Interna e o Governo Provincial de Jacarta está a meio da compilação do Manuscrito Académico para Emenda à Lei n.º 29 de 2007, no âmbito da realização de harmonização e ajustamentos relativamente a várias questões relacionadas com assuntos governamentais que, na prática, levanta como resultado do duplo papel de Jacarta, nomeadamente como região autónoma especial a capital e também como extensão do governo central. A lei que regula especificamente a Capital do Estado ("IKN") está também de acordo com o impulso do Estado da Assembleia Consultiva Popular Anual da República da Indonésia do Presidente Joko Widodo, a 16 de Agosto de 2019, e seguida de Anúncio de Transferência da Capital Nacional pelo Presidente a 26 de Agosto de 2019 no Palácio do Estado.A transferência foi baseada no Estudo que foi realizado por Bappenas, que conclui que o desempenho da DKI Província de Jacarta como IKN, DKI Jacarta já não pode desempenhar o papel de IKN de forma óptima devido ao rápido aumento da população não controlada, ao declínio das condições e funções ambientais, e ao nível de diminuição do conforto de vida, e à distribuição desigual do crescimento económico fora de DKI Jacarta e das ilhas Java com outras regiões do Estado Unitário da República da Indonésia. A Lei sobre a Capital Nacional ("Lei IKN"), como a lei que se tornou a base jurídica inicial para o esforço de relocalização da Capital Nacional. Este Documento Académico é também requerido para explicar em detalhe a partir dos detalhes das escolhas políticas do argumento, tornando-se a norma no conteúdo do artigo. As escolhas políticas e o conteúdo do artigo são explicados em pormenor de forma racional com procedimentos científicos. A explicação deve partir de estudos teóricos, estudos de princípios/princípios, estudos de práticas de implementação, condições existentes, problemas enfrentados, bem como comparações com outros países, um estudo das implicações para o novo sistema que será regulamentado na Lei sobre aspectos da carga financeira do Estado e benefícios do Estado.Além disso, é necessário que haja uma avaliação e análise das leis e regulamentos relacionados com as leis e regulamentos, a começar pelas leis e regulamentos relacionados com a transferência da mãe e actividades de desenvolvimento Cidade Estado, leis e regulamentos relacionados com a forma e a estrutura governamental da Capital do Estado, leis e regulamentos relacionados com o planeamento espacial, infra-estruturas, e o ambiente Cidade Capital Nacional, e leis e regulamentos relacionados com as finanças IKN, e leis e regulamentos relacionados com as actividades de transferência IKN. Além disso, como base para a legitimidade de uma lei, é necessário haver uma explicação dos fundamentos filosóficos, jurídicos e sociológicos. da Lei sobre o Estado da Cidade-Mãe, para que os objectivos, as direcções, os cenários de alcance e o material de conteúdo do Artigo possam ser formulados de forma eficaz, eficiente, em harmonia com várias leis e regulamentos, bem como possam ser implementados adequadamente.

**Práticas de implementação, condições e problemas enfrentados pela DKI Província de Jacarta como a capital do país**
**Implementação**

Práticas, condições existentes e problemas enfrentados pela Capital Nacional que até agora tem sido levado a cabo por Jacarta no sector do ordenamento do território, uso do solo, controlo de catástrofes, controlo populacional, questões ambientais, vida, gestão da água, bem como burocracia, governação, e em relação aos recursos humanos. A Lei n.º 29 de 2007 estipula que o Governo Provincial de Jacarta da DKI como a República Unitária da Capital Estatal da Indonésia. A Província de Jacarta, na sua posição como capital da República da Indonésia e ao mesmo tempo funcionando como uma região autónoma a nível provincial, enfrenta sempre vários problemas, incluindo urbanização, segurança, transportes, ambiente, gestão de áreas especiais, e outros problemas sociais que requerem a resolução sinergética de problemas através de vários instrumentos.problema Isto surge porque Jacarta não é apenas o centro do governo, mas torna-se também o centro de todas as actividades, incluindo centros comerciais, centros de serviços financeiros, centros de serviços, empresas, centros de serviços educativos, e quando visto através do contexto da Área Metropolitana de Jacarta (Jabodetabek) sendo a indústria de processamento do centro.

Gambar 1. 1
Jakarta sebagai pusat segalanya

A actual posição da cidade de Jacarta como centro de tudo é uma atracção tão grande para as pessoas de toda a Indonésia. A oportunidade de encontrar emprego, educação e várias outras instalações completas tornam-se um íman forte para as pessoas de fora da cidade virem a Jacarta. Como resultado, a população da Área Metropolitana de Jacarta (Jabodetabekpunjur) continua a aumentar todos os anos, tanto devido ao crescimento natural como à migração. A população total da Província de Jacarta DKI em 2017 atingiu 10.277.628 pessoas, e a população total da área metropolitana de Jabodetabekpunjur atingiu 32.775.966 almas, mostrando o domínio da população em Jacarta e da região metropolitana de Jabodetabekpunjur para outras cidades (Fig. 1.2). Com base nos dados das Nações Unidas em 2013, o número de habitantes da cidade de Jacarta está classificado como a 10ª cidade mais populosa do mundo na Indonésia (Figura 1.3), que depois aumentou em 2017 é a 9ª cidade mais populosa do mundo (WEF, 2017).

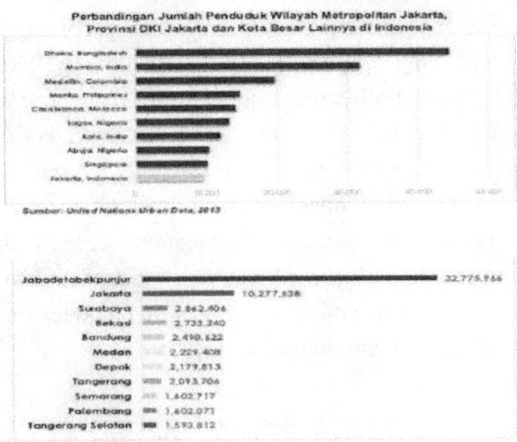

Com a alta atracção do governo, da economia e da política provoca uma urbanização elevada que precisa de ser equilibrada com a capacidade da cidade para facilitar as necessidades de todos os seus habitantes. À medida que a população aumenta, isso significa aumentar, bem como a necessidade de espaço e infra-estruturas. A necessidade de habitação, infra-estruturas e instalações como transporte e água potável é uma necessidade cada vez mais difícil de satisfazer em Jacarta, e a poluição e os danos ambientais são cada vez piores e imparáveis. O aumento da população na área de Jabodetabekpunjur, e o número crescente de veículos em Jacarta DKI, bem como nas áreas residenciais em redor da cidade central de Jacarta DKI, nomeadamente Bogor, Depok, Tangerang e Bekasi (Bodetabek), aumentando a pressão do movimento para a cidade central de Jacarta DKI a partir da área circundante, como mostra a figura seguinte.

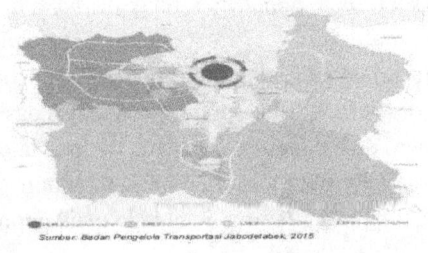

14

Com base num estudo da Agência de Gestão de Transportes Jabodetabek em 2015, o número total de viagens na região Jabodetabek em 2015 atingiu 47,5 milhões de viagens por pessoa por dia, o que consiste na deslocação dentro da cidade de DKI de 23,42 milhões de pessoas por dia, deslocação pendular de 4,06 milhões de pessoas por dia, enquanto a deslocação através de DKI Jakarta ou Bodetabek interno atingiu 20,02 milhões de pessoas por dia. a mobilidade em altura de pessoas e bens na capital não foi equilibrada com a disponibilidade de transportes públicos seguros, confortáveis e adequados. O rácio da infra-estrutura rodoviária na área de DKI Jacarta é de apenas 5,42% da área, enquanto que o ideal deveria ser de 15% da região da área. A capacidade rodoviária que não é capaz de acomodar o tráfego de carga da área de Bodetabek para o centro da cidade, causando engarrafamentos de trânsito são muito elevados, resultando numa velocidade média de apenas 10-20 km por hora na área de Jacarta ou 16 km por hora durante as horas de ponta, e apenas 19 km por hora na área de Jabodetabek

Rasio Jalan dan Kecepatan Rata-Rata di Wilayah Jabodetabek

| Kota | Jumlah Penduduk | Luas Area Km² | Panjang Jalan (Km) | Rasio Jalan | Kecepatan Rata-Rata (Km/Jam) |
|---|---|---|---|---|---|
| JABODETABEK | 24.886.125 | 6.399.70 | 12.298.39 | 1.92% | 19 |
| DKI Jakarta | 9.588.198 | 740.30 | 7.650.00 | 5.42% | 10-20 |
| Bogor | 5.150.236 | 2.489.71 | 1.356.00 | 0.54% | 15.32 |
| Tangerang | 4.961.937 | 1.274.54 | 1.545.60 | 1.21% | 22 |
| Bekasi | 3.832.754 | 1.694.86 | 1.222.76 | 0.72% | 21.86 |
| Depok | 1.353.000 | 200.29 | 524.03 | 2.62% | 21.4 |

Sumber: Badan Pengelola Transportasi Jabodetabek, Kementerian Perhubungan 2017

O congestionamento em Jacarta ocupa a 4ª posição como a cidade mais populosa do mundo em 2017. Em 2018 Jacarta ainda ocupava o 7º lugar como a cidade com o maior nível de congestionamento do mundo, com uma taxa de congestionamento de 53% (Resultado Tomtom Traffic Index Survey, 2018).

Daftar 10 Kota dengan Tingkat Kemacetan Tertinggi di Dunia

| Ranking | Negara | Kota | Tingkat Kemacetan (%) |
|---|---|---|---|
| 1 | | Mumbai | 65% |
| 2 | | Bogota | 63% |
| 3 | | Lima | 58% |
| 4 | | New Delhi | 58% |
| 5 | | Moscow region (oblast) | 56% |
| 6 | | Istanbul | 53% |
| 7 | | Jakarta | 53% |
| 8 | | Bangkok | 53% |
| 9 | | Mexico City | 52% |
| 10 | | Recife | 49% |

Sumber: Survei Tomtom Traffic Index, 2018

As condições de congestionamento (engarrafamentos) em Jacarta são as piores, com 33.240 paragens de índice de arranque (Pantazi, 2015). Impacto O congestionamento em Jabodetabek está actualmente a causar perdas económicas, ambientais e sociais. As perdas económicas devidas ao congestionamento em Jacarta em 2013 ascenderam a Rp56 trilhões de Rp56 (PUSTRAL UGM 2013). Enquanto em 2017 as perdas devidas a congestionamentos na cidade de Jacarta atingiram 65 triliões de Rp (Banco Mundial, 2017). O elevado nível de congestionamento na cidade de Jacarta causa poluição atmosférica provocada pelos veículos automóveis. Foi notado que Jacarta ocupa a 1ª posição como cidade com pior qualidade do ar no mundo, com base no valor do Índice de Qualidade do Ar (AirVisual, 2019). A qualidade do ar insalubre tem o potencial de ter um impacto sob a forma de aumento de ARI, olhos, até mesmo coração e AVC. A depressão, stress e ansiedade problemas de saúde também melhoraram como resultado do congestionamento nos deslocamentos, o que pode resultar numa diminuição dos níveis de produtividade. Abastecimento limitado de água bruta e subsídio de terra. O estado das fontes de água bruta poluída em Jacarta resultou num fornecimento limitado de água bruta para várias actividades comunitárias. Sabe-se que 61% da água dos rios, 57% da água dos reservatórios e 12% das águas subterrâneas foram fortemente poluídas, pelo que é perigoso para a saúde pública. O fornecimento limitado de água bruta em Jacarta causa até 40% da população de Jacarta utiliza poços perfurados para obter água bruta. A maior parte dos habitantes da cidade de Jacarta que extraem água subterrânea para satisfazer as suas necessidades diárias, causando o afundamento do solo na zona norte de Kota Jacarta, tem uma média de 7,5 a 10 cm por ano. No período de 2007 a 2017 houve uma diminuição total de 35 a 50 cm de solo. O pior ponto de afundamento do solo encontrado na área de Cengkareng de 69 cm e Penjaringan (Pluit) é de 94 cm.

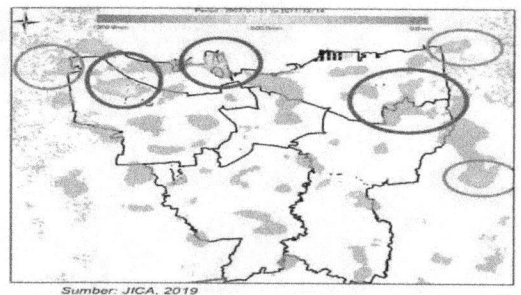

Jacarta é muito vulnerável aos impactos das alterações climáticas devido à sua posição geográfica na costa norte de Java, tão vulnerável às inundações e à subida do nível do mar. Condição Esta situação é exacerbada pela extracção contínua do excesso e contaminação das águas subterrâneas. Jacarta é o estuário de 2 canais principais, nomeadamente Kanal West Flood e East Flood Canal e 13 rios, e quase 73% das aldeias urbanas de Jacarta são atravessadas por rios, o que faz com que seja potencialmente elevado contra as inundações. As inundações ocorrem quase sempre no Inverno com chuvas fortes, e as inundações ocorreram em 2002, 2007 e 2013. A maior inundação de 2007 afogou 40% da cidade, matou 80 pessoas e deslocou cerca de 350.000 pessoas (Brinkman e Hartman, 2010). Cerca de 50% da área de Jacarta tem um nível de segurança contra inundações inferior a 10 anos, longe das condições ideais para uma grande cidade que é um mínimo de 50 anos. A maior parte das áreas propensas a inundações de Jacarta estão localizadas na parte norte, que é a costa da cidade de Jacarta. Área As que são propensas a inundações são classificadas como vulneráveis, com um número médio de refugiados superior a 500 pessoas. Para além das áreas localizadas na costa, outras áreas pertencentes a zonas propensas a inundações situam-se em torno do rio da Bacia Hidrográfica

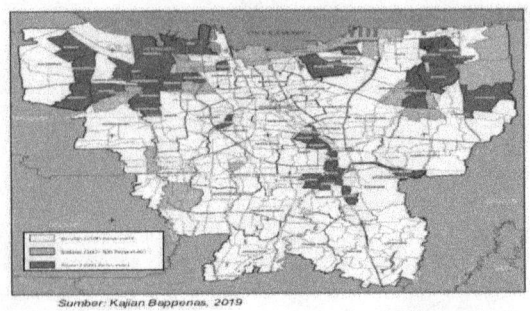

Um dos factores causadores de inundações em Jacarta é a subsidência, resultando em níveis do mar mais elevados do que o nível da água do rio. Com base no estudo de subsidência dos solos realizado pela ITB (2016), o declínio da superfície terrestre, especialmente na zona costeira de Jacarta, ocorreu desde 1975, e significativamente em 2010-2016 a subsidência dos solos chegou a atingir 3- 18 cm/ano, e especialmente em Jacarta do Norte, a subsidência dos solos ocorreu uma média de 7,5 cm/ano. Em 2016, mais de 70% dos terrenos em Jacarta do Norte já se encontram abaixo do nível do mar, incluindo os aterros marítimos e fluviais. A extracção excessiva de águas subterrâneas devido ao rápido desenvolvimento de assentamentos, edifícios altos e áreas industriais, e causar a extracção de águas subterrâneas em grande escala, é a principal causa de afundamento do terreno. Potenciais ameaças de terramotos em Jacarta. O potencial de terramotos na Indonésia provém de 2 fontes, incluindo terramotos causados por actividade tectónica e terramotos causados por actividade vulcânica. Como zona de "Anel de Fogo", a Indonésia tem muitos vulcões. Perto da cidade de Jacarta existe uma ameaça as actividades dos vulcões Krakatoa e Monte Gede que podem causar terramotos vulcânicos. Ambos os vulcões estão actualmente activos, e o mais recente a entrar em erupção é o Monte Anak Krakatau em 2018. A cidade de Jacarta também tem um potencial sismo tectónico e um Megathrust Tsunami a sul de Java West e do Estreito de Sunda. Para além dos terramotos devidos à actividade tectónica no mar, Jacarta tem também o potencial de experimentar terramotos de actividade tectónica no continente, nomeadamente a Falha de Baribis, a Falha de Lembang e a Falha de Cimandiri.

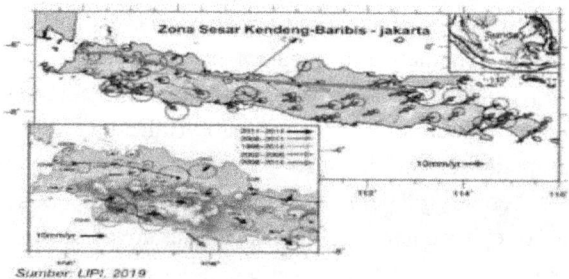

Sumber: LIPI, 2019

Com base nos problemas enfrentados pela DKI Jacarta e pela área do Grande Jacarta, tais como a elevada taxa de urbanização, o elevado congestionamento que tem implicações para a má qualidade do ar saudável, o limitado abastecimento de água bruta, as inundações anuais e a subsidência e a ameaça de potenciais terramotos. Em conexão com isto, pode-se concluir que a capacidade de energia, a capacidade de carga do ambiente é muito pesada e que há um desenvolvimento limitado da terra, pelo que não é possível que a área de Jacarta DKI se torne novamente a Capital do Estado eficiente e eficaz e possa competir com as capitais de outros países, tanto agora como no futuro. Para essa transferência da mãe Kota Negara para outras regiões é uma necessidade.Burocracia e Arranjo do Aparato Civil do Estado. Em termos de estruturação do aparato civil do Estado, as políticas básicas relacionadas com as organizações de gestão do aparato civil do Estado actualmente disponíveis são: 1) Regulamento do Presidente da República da Indonésia Número 81 Anos 2010 sobre o Grande Desenho da Reforma Burocrática 2010-2025; e 2) Regulamento do Governo da República da Indonésia Número 11 de 2017 sobre a Gestão dos Funcionários Públicos. Estes regulamentos fornecem a base para a formação da organização profissional do aparelho civil do Estado na prestação de serviços públicos, corrupção limpa e livre da burocracia, conluio e nepotismo, e Capacitação e responsabilização do desempenho burocrático. Para ir a um governo que seja eficaz, as ordens indonésias continuam a insistir na reforma burocrática para criar uma organização governamental eficaz. A este respeito, se utilizar a medição do Índice de Eficácia do Governo, o Governo da Indonésia ainda precisa de grandes esforços para melhorar a eficácia do desempenho do governo. Isto pode ser visto na imagem gráfica abaixo comparando os índices de eficácia governamental nos países da Ásia-Pacífico. O gráfico, coloca que o índice a eficácia do governo indonésio ainda está abaixo do estado de Singapura, Malásia, China e Tailândia. A relocalização de capital pode ser um impulso para melhorar o desempenho do governo a começar pelo governo central. Espera-se que a relocalização e a construção da capital da nova nação tenha um impacto em

(1)    melhorar o desempenho económico, tal como o crescimento de centros de crescimento económico novos, novos centros de infra-estruturas de nós, e reduzir o fosso de desenvolvimento regional, e (2) melhorar a função de administração governamental através da realização de um sistema de administração governamental mais eficaz.

A este respeito, este capítulo centrar-se-á então na discussão de aspectos da melhoria das funções da administração governamental. Uma instituição burocrática que cumpra os regulamentos e um rigoroso hábito de fazer algo não é considerada governo moderno. A sua administração burocrática não tem pré-requisitos para a inovação, nomeadamente pensamento criativo, ideias de experimentação e criatividade 1. Respondendo a várias exigências económicas, políticas e ideológicas, então a estrutura e processo de governo mudou e modernizou-se.

O serviço público tradicional deve desenvolver formas criativas de lidar com as restrições fiscais e as exigências públicas sobre serviços eficientes. A administração pública convencional orientada para o processo deve dar lugar a uma gestão pública centrada nos resultados; e os governos locais devem colaborar e trabalhar horizontalmente para ultrapassar o centro de hegemonia institucional. Dados estes desenvolvimentos, a inovação e a mudança do sistema para melhor tem sido um desafio no governo. O sucesso do desenvolvimento regional equitativo (desenvolvimento regional equilibrado) através da construção da nova capital da nação depende do apoio de políticas governamentais que possam lidar e acomodar mudanças no desenvolvimento regional do sistema (Lee, Choi, Park, 2005).

Para esse modelo, o novo sistema administrativo é uma parte do governo político para melhorar as funções administrativas do governo a fim de optimizar o papel do governo central no novo país da capital. O novo modelo de administração do sistema encorajará a política de gestão do aparelho civil do Estado mais tarde, no novo país da capital. Para que a nova política do sistema administrativo possa apoiar a Capital Nacional que se caracteriza por uma cidade inteligente, cidade verde, e padrão internacional (smart-green-international).

A principal característica de uma cidade inteligente é que o transporte intermodal está bem integrado (mobilidade inteligente), o planeamento eficiente e eficaz dos edifícios (edifício inteligente), e a tecnologia de comunicação/internet está disponível com alta velocidade. O desenvolvimento da nova administração faz parte de

As intervenções levadas a cabo pelos líderes incluem: levar a cabo estratégias de reestruturação institucional ou muitas vezes chamadas estratégia de recuperação ou recuperação de empresas (ver por exemplo: Chowdhury, 2002; Hofer, 1986; Slater, 1974; Suwarsono, 2007). Entretanto, podem ser feitos mais esforços operacionais através de várias acções tais como: reengenharia (Hammer e Champy, 1993); reengenharia de processos empresariais (Davenport e Short, 1990); reestruturação organizacional (Tomasko, 1992); reorganização (Marshall e Yorks, 1994); ` redimensionamento (Koys et.al, 1990); rejuvenescimento (Stopford & Baden-Fuller, 1990); downsizing (Budros, 1999; Freeman, 1994) ou rightsizing (Ziffane e Mayo, 1994, 1995; Davison, 2002). O novo modelo de administração do sistema a ser discutido dá mais ênfase a factores difíceis, especialmente aspectos do sistema que se tornarão a base para determinar as estratégias, estruturas e sistemas que serão construídos para satisfazer as exigências das necessidades como uma nova capital. Os aspectos estruturais serão discutidos na determinação da estrutura da agência de gestão de capital. Enquanto os Factores Suaves serão discutidos no aspecto do aparelho civil do Estado. O desenvolvimento do novo sistema de administração será muito influenciado pela mudança de paradigma do governo e da gestão pública. Benington e Hartley (2001) caracterizaram três paradigmas de governação e gestão pública implementam serviços e implementam mudanças. Cada paradigma contém certas concepções e suposições sobre a natureza dos problemas, e os papéis dos políticos, gestores e estruturas populacionais. Os três paradigmas são mostrados na figura abaixo. Dois dos primeiros podem estar familiarizados com a administração pública "tradicional" e "Nova Gestão Pública" (NPM), enquanto que o terceiro paradigma se baseia em provas de padrões de governação e prestação de serviços emergentes, a que chamamos "governação governamental centrada no cidadão", ou "governação baseada em redes" (Networked Government).

| | Traditional public administration | New Public Management | Networked governance |
|---|---|---|---|
| Context | Stable | Competitive | Continuously changing |
| Population | Homogeneous | Atomized | Diverse |
| Needs/problems | Straightforward, defined by professionals | Wants, expressed through the market | Complex, volatile and prone to risk |
| Strategy | State and producer centers | Market and customer centers | Shaped by civil society |
| Governance through actors | Hierarchies Public servants | Markets Purchasers and providers Clients and contractors | Networks and partnerships Civic leadership |
| Key concepts | Public goods | Public choice | Public value |

# CAPÍTULO 2

# O PROCESSO DE TRANSPORTE DA CAPITAL DE PAÍSES EM ALGUNS PAÍSES.

Há muitas variações do tempo necessário no processo de relocalização da nova capital, começando de 134 anos como em Washington DC para apenas 12 anos em Putrajaya Malásia. A tabela seguinte mostra a variação do tempo necessário para completar um esforço de mudança da nova capital, desde o projecto de desagregação inicial até ao funcionamento completo do governo central da capital. Uma das lições mais consistentes do desenvolvimento do projecto de novas capitais é uma tendência para custar muito mais do que o orçamento real foi planeado. O quadro seguinte mostra os principais custos que Existem seis exemplos de casos de desenvolvimento da capital do país.

| New City | Year Founded | Costs to Central Government (2016 USD) | Planned Area | Population |
|---|---|---|---|---|
| Amaravati, India | 2015 | $8.9 billion (projection) | 217 km² | Planned: 2.5-4 million |
| Brasília, Brazil | 1955 | $8.1 billion for initial construction costs only | 5,814 km² | Planned: 500,000 Current: 2.5 million |
| Canberra, Australia | 1911 | $13.2 billion from 1954 to 1987 | 814 km² | Current: 388,000 |
| Putrajaya, Malaysia | 1996 | $8 billion | 49 km² | Planned: 330,000 Current: 85,000 |
| Sejong City, South Korea | 2005 | $22 billion | 73 km² | Planned: 500,000 Current: 254,000 |
| Washington, DC, USA | 1790 | 3x the annual Federal budget over the first 10 years | 179 km² | Current DC: 670,000 Metro DC: 6.1 million |

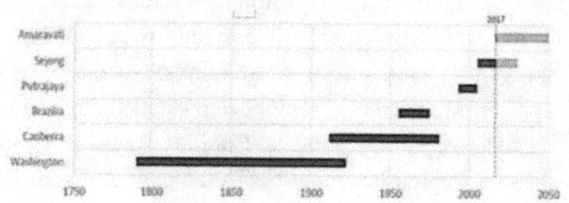

Vários aspectos que afectam o período de tempo para a transferência das cidades estaduais mães são: a. Apoio e intenções políticas dos interessados, de modo que, em alguns casos, o desenvolvimento da nova capital se prolongou. b. Aspectos externos que afectam o planeamento da implementação, como no caso da depressão económica em Camberra e da guerra civil americana em Washington DC. c. Barreiras físicas entre a localização da nova capital e o centro económico existente. Esta condição ocorre em Washington DC., Camberra, e Brasília. O caso exemplar com o período mais curto em Putrajaya ocorre devido à localização perto de Kuala Lumpur como a antiga capital, bem como o centro da economia do país. A estratégia de relocalização da capital através da construção da capital só pode mostrar sucesso no apoio a uma melhor realização dos objectivos de desenvolvimento nacional.Algumas notas do desenvolvimento bem sucedido do país após a relocalização da nova capital, entre outras, a criação de um poder social e um símbolo nacional forte a longo prazo e reduzir a tensão dos conflitos sociais que ocorrem em alguns casos a tensão do poder político e económico no país do estudo de caso. Por outro lado, a ocorrência de um fracasso ou falta de sucesso na relocalização da nova capital ao empurrar o país para um melhor desenvolvimento, ou seja, entre outras coisas, o não sucesso na superação do problema da densidade populacional devido à fraca população e gestão do território em áreas que já se desenvolveram; o fracasso em alcançar um desenvolvimento económico equitativo em áreas que anteriormente careciam de desenvolvimento, como resultado de uma dependência económica contínua, ganham raízes; e o fracasso em mudar a velocidade do crescimento urbano da velha região da capital para a capital e arredores.Deslocalização, desenvolvimento, e reestruturação da governação A Capital Nacional é um fenómeno comum que tem sido implementado por muitos países. Nos últimos 100 anos, mais de 31 países deslocaram com sucesso as suas capitais. mais de 35 países em diferentes regiões têm estado activos a discutir o plano de deslocalização do país da Capital. Registos históricos, a deslocalização da Capital Nacional ocorreu a cada 2-3 anos. De facto, ultimamente, tem acontecido de 2 em 2 anos. Segue-se uma lista de países que deslocaram com sucesso as suas capitais e países que ainda se encontram em fase de discussão para deslocar a capital.

**Daftar negara yang memindahkan Ibu Kota Negara dalam 100 tahun terakhir**

| Negara | Ibu Kota lama | Ibu Kota baru | Tahun pemindahan | Jarak (km) |
|---|---|---|---|---|
| Russia | Saint-Petersburg | Moscow | 1918 | 633 |
| Albania | Durrës | Tirana | 1920 | 39 |
| Turki | Istanbul | Ankara | 1923 | 351 |
| Australia | Melbourne | Canberra | 1927 | 472 |
| Zambia | Livingston | Lusaka | 1935 | 484 |
| Guinea-Bissau | Bolama | Bissau | 1941 | 40 |
| China | Nanjing | Beijing | 1949 | 1219 |
| Mauritania | Saint-Louis | Nouakchott | 1957 | 303 |
| Senegal | Saint-Louis | Dakar | 1958 | 265 |
| Brasil | Rio de Janeiro | Brasilia | 1960 | 754 |
| Botswana | Gaborone | Mafikeng | 1961 | 138 |
| Rwanda | Butare | Kigali | 1962 | 80 |
| Uganda | Entebbe | Kampala | 1962 | 35 |
| North Yemen | Ta'izz | Sana'a | 1962 | 198 |
| Pakistan | Karachi | Islamabad | 1966 | 1144 |
| Libya | Bayda/benghazi | Tripoli | 1969 | 1000 |
| Belize | Belmopan | Belize City | 1970 | 68 |
| Malawi | Zomba | Lilongwe | 1974 | 227 |

| Negara | Ibu Kota lama | Ibu Kota baru | Tahun pemindahan | Jarak (km) |
|---|---|---|---|---|
| Coté d'Ivoire | Abidjan | Yamoussoukro | 1983 | 228 |
| Libya | Tripoli | Sirte | 1988 | 463 |
| Chile* | Santiago | Viparaiso | 1990 | 98 |
| Nigeria | Lagos | Abuja | 1991 | 541 |
| Tanzania | Dar es Salaam | Dodoma | 1996 | 571 |
| Kazakhstan | Almaty | Astana | 1997 | 974 |
| Jerman | Bonn | Berlin | 1999 | 604 |
| Malaysia** | Kuala Lumpur | Putrajaya | 1999 | 47 |
| Myanmar | Yangon | Naypyidaw | 2005 | 330 |
| Korea Selatan | Seoul | Sejong | 2009 | 137 |
| UAE | Abu Dhabi | Khalifa City | 2012 | 30 |
| Georgia | Tbilisi | Kutaisi | 2012 | 230 |
| Afghanistan | Kabul | New Kabul | 2013 | 25 |

*hanya Legislatif **hanya eksekutif
Sumber: Rossman (2017)

Daftar negara yang aktif membahas rencana pemindahan Ibu Kota

| Wilayah | Negara | Ibu Kota saat ini | Ibu Kota yang diusulkan | Rencana Pemindahan |
|---|---|---|---|---|
| Afrika | Mesir | Cairo | Al-Fayoum | 2005 |
| | Equatorial Guinea | Malabo | Oyala | 2012 |
| | Ghana | Accra | Kintampo | 2007 |
| | Kenya | Nairobi | Grigi | 2009 |
| | Liberia | Monrovia | Bentol | 1982 |
| | Senegal | Dakar | Lompoul | 2007 |
| | Somalia | Mogadishu | Hargeisa,Baidoa | 2004 |
| | Sudan Selatan | Juba | Ramciel | 2010 |
| | Uganda | Kampala | Karuma | 2011 |
| | Zimbabwe | Harare | Hampden | 2011 |
| | China | Beijing | Chongqing | 2010 |
| Asia Timur | Jepang | Tokyo | Hokuto | 1995 |

| Wilayah | Negara | Ibu Kota saat ini | Ibu Kota yang diusulkan | Rencana Pemindahan |
|---|---|---|---|---|
| | Mongolia | Ulan Bator | Kharkhorin | 2005 |
| | Taiwan | Taipei | Kaohsiung | 2006 |
| Post-Soviet States | Azerbaijan | Baku | Gyanndzha/Alyat | 2010 |
| | Georgia | Tbilisi | Sukhumi | 2010 |
| | Kyrgyzstan | Bishkek | Osh | 2006 |
| | Russia | Moskow | Novosibirsk | 2005 |
| | Tajikistan | Dushanbe | Danghara | 2012 |
| | Ukraina | Kyiv | Batyrin | 2005 |
| Asia Tenggara | Filipina | Manila | Cebu City | 2011 |
| | Thailand | Bangkok | Nakhon Nayok | 2011 |
| Asia Selatan | Bangladesh | Dhaka | Trishal | 2016 |
| | Nepal | Kathmandu | Chitwan | 2012 |
| Amerika | Argentina | Buenos Aires | Santiago del Estero | 2014 |
| | Bolivia | La Paz | Sucre | 2008 |
| | Haiti | Port-au-Prince | Cap Haitien | 2010 |
| | Nicaragua | Managua | Esteli | 2014 |
| | Peru | Lima | Huancayo | 1983 |
| | Venezuela | Caracas | Ciudad Libertad | 2005 |
| Timur Tengah | Iran | Tehran | Qom, Isfahan, Tabriz | 2003 |
| | Yemen | Sanaa | Aden | 2014 |
| Eropa | Romania | Bucharest | Alba Iulia | 2010 |
| | Slovakia | Bratislava | Martin | 2009 |
| | UK | London | Liverpool | 2003 |

Sumber: Rossman (2017)

A motivação do país para mover a capital do país é muito diversa. Contudo, em geral, a decisão de mudar a capital foi tomada para resolver o problema político, económico e cultural do país as quatro principais motivações que desencadearam a deslocalização da capital em muitos países. Aqui está uma colecção de motivações de alguns países que conseguiram deslocar a capital do seu país.

| Motivasi Pemindahan IKN di Negara Lain | | | | | | |
| --- | --- | --- | --- | --- | --- | --- |
| Negara | Ibu Kota Lama | Ibu Kota Baru | Permasalahan Ibu Kota Sebelumnya | Pemerataan Pembangunan Nasional | Penguatan Identitas Bangsa | Isu Sosial Politik/ Pertahanan |
| Malaysia | Kuala Lumpur | Putra Jaya | ✓ | | ✓ | |
| Korea Selatan | Seoul | Sejong | ✓ | ✓ | | ✓ |
| Brazil | Rio de Janeiro | Brasilia | ✓ | ✓ | ✓ | |
| Australia | Melbourne | Canberra | ✓ | | | ✓ |
| Kazakhstan | Almaty | Astana | ✓ | | ✓ | ✓ |
| Myanmar | Yangoon | Naypyidaw | ✓ | ✓ | ✓ | ✓ |
| Amerika | New York | Washington DC | ✓ | | | ✓ |
| Nigeria | Lagos | Abuja | ✓ | ✓ | | ✓ |
| Pakistan | Karachi | Islamabad | ✓ | ✓ | ✓ | ✓ |

O quadro acima mostra que a maior parte do deslocamento A capital do país baseia-se em problemas anteriores na capital. Estes problemas podem ser sob a forma de congestionamento, inundações, sobrelotação, etc. Outra motivação subjacente à deslocalização da capital é uma tentativa de equalizar o desenvolvimento nacional, reforçando a identidade nacional, e questões políticas/defesa social. Mais detalhadamente, abaixo serão discutidas as melhores práticas dos países que conseguiram deslocar a capital O país, bem como as lições a aprender para a transferência A Capital do Estado na Indonésia.

## CANBERRA, ÁUSTRÁLIA Visão geral

A decisão de mudar a Capital na Austrália foi tomada em 1908. O desafio na altura era como encontrar um local que fosse neutro e não oferecesse privilégios especiais a nenhuma área. Nessa altura, a decisão tomada foi a de mudar a capital para um local remoto o mesmo para as duas maiores cidades da Austrália, nomeadamente Sidney e Melbourne. A construção da nova capital começou em 1913, mas foi adiada devido à Primeira Guerra Mundial e a problemas financeiros na Austrália. Capital City Design é competido internacionalmente em 1911 e resultou em 137 esquemas propostos.Design o que ganhou o concurso na altura foi o design Griffin de Walter Burley da América. O design do Griffin usa a forma triangular como estrutura chave do design urbano. O parlamento triangular é formado com três eixos que formam o triângulo. A cidade é construída em três colinas que formam uma estrutura chave para os seus planos arquitectónicos urbanos. edifício governamental localizado à volta de um lago artificial, e o povoado tem uma grande área aberta. O conceito de cidade jardim foi escolhido para ser implementado em Camberra, de modo que os australianos se referiram à nova capital como "a capital do mato". O nome e a localização escolhidos têm um significado especial. O nome Canberra é retirado do local "Kambera", que significa "o local de encontro". No passado, este local era um local de encontro do povo aborígene de várias tribos para reuniões cerimoniais. muitos nomes de rua em Canberra retirados de Aborígenes, e o National Museum Australia exibe uma colecção de artefactos culturais aborígenes. A localização de Camberra situa-se na região do interior 280 km a sudoeste de Sidney, com uma área de 814 km2. A construção de Camberra começa em 1911 e requereu um tempo de construção de 50 anos até estar completamente concluída. Duração do Desenvolvimento Desenvolvimento de Infra-estruturas Básicas - 1920 - 1930: Estradas e esgotos construídos, início da plantação de árvores, e - 59 - O Parlamento é construído. lojas, escritório, hotel e habitação concluídos para 1.100 empregados. - • 1927: - 59 - a legislatura muda para Camberra. - • 1935 – 1945: O desenvolvimento foi dificultado pela grande depressão e pela Segunda Guerra Mundial Aceleração do Desenvolvimento e desenvolvimento de áreas satélites através do Plano Y - anos 60: Camberra cresceu rapidamente à medida que a função mudava o novo governo e os colonatos. - 1962: o crescimento do subúrbio de Woden Weston Creek fica a 12 km do centro de escritórios.- 1967: O Plano Y tornou-se a base para o desenvolvimento de uma cidade satélite como cidade, mas ainda ligada através do sistema de transporte abrangente E. - 1971: A política de posse da terra para controlo governamental resultou no pagamento pelo governo de uma compensação de 1,8 mil milhões de dólares ao sector privado. Auto-suficiência da cidade e desenvolvimento de capital na era de 100 Canberranas no ano de 1971. 1989: Nova estrutura de governo, envolvendo dois níveis de sistema de planeamento, o Território da Capital Australiana (ACT) e o centro responsável por - 60 - estratégica para o governo central. Custo. O quadro abaixo é uma estimativa dos custos de construção e aquisição de terrenos entre 1954 e 1987. Esta estimativa exclui outras categorias tais como a Comissão Nacional de Desenvolvimento dos

Salários da Capital (NCDC) ou como é agora chamada Autoridade Nacional de Capital (NCA), um subsídio para os residentes de Camberra, ou outras despesas de 1911 a 1953. Lições aprendidas - O longo tempo de implementação é propenso a riscos internos - e externos.

Processo de construção de infra-estruturas básicas dificultado por processos políticos e burocráticos, bem como socioeconómicos externos (Grande Depressão e Segunda Guerra Mundial). - A posse da terra pelo governo facilita o planeamento e desenvolvimento de coordenação numa fase posterior. - A importância de estabelecer um Órgão de Autoridade. A fase final do desenvolvimento de Camberra foi bem sucedida após ter sido gerida pela Comissão independente Comissão Nacional de Desenvolvimento de Capital (NCDP) para gerir o planeamento, o desenvolvimento e a construção pode acelerar o processo de desenvolvimento, mantendo-se fiel ao "Plano Y" - O planeamento de um conceito de Cidade Jardim em Camberra pode ser um exemplo do conceito de desenvolvimento IKN com o conceito de cidade florestal, integrando paisagens que consistem em áreas montanhosas e bacias hidrográficas (DAS), e estrutura topográfica.

**Marcos da Cidade de Camberra**

Parliament House

**WASHINGTON DC, USA Overview.**

A deslocalização da capital para Washington.D.C., é produto de um compromisso político como solução para obter residência permanente para o Governo Federal dos EUA. Como parte da política financeira na era Hamilton (Secretário do primeiro tesouro dos EUA sob o

Presidente George Washington) o Congresso apoia o Banco dos Estados Unidos a ter lugar em Filadélfia, e no seu lugar, o Distrito especial de Columbia dado ao Congresso (Governo) para construir um governo central à volta do rio Potomac. A Política Hamilton encoraja a consolidação do poder económico nas mãos dos investidores, e dos comerciantes que dominam no nordeste urbano, a Capital como força política deve estar numa zona agrícola mais a sul e separada da elite económica. Ideia e realização.Após a localização da Capital de 177 km2 eleita em 1790, o Presidente Washington nomeia Pierre Charles L'enfant, um engenheiro francês e antigo oficial do Exército Continental para desenhar e planear a nova capital. O conceito do Plano Director que foi criado nessa altura era uma cidade magnífica, digna da nação, livre das suas origens coloniais, e ousada na sua afirmação de uma nova identidade. O grande plano é dar orgulho ao Capitólio a ser construído numa colina com vista para as planícies planas à volta do Potomac. um The National Mall que liga a legislatura ao rio e que será bordejado por vários edifícios magníficos. Fora da área projectada, uma série de grandes estradas, uma das quais será ligada à casa do presidente. Grande parte da grande visão de L'Enfant foi negligenciada durante o século XIX, mas a partir de 1922, o projecto começou a ser implementado. Duração do desenvolvimento. O desenho da nova Capital de Desenvolvimento leva muito tempo e processo para se tornar uma cidade bem sucedida e independente.DC foi concebido em 1791, mas só foi implementado em 1922. Nas fases iniciais da deslocalização, DC depende fortemente de fundos do governo federal durante 40 anos, especialmente o desenvolvimento de DC foi dificultado pela guerra em 1812 e pela Casa Branca, o Edifício Capitólio, e os incêndios da Biblioteca do Congresso em 1814. Os problemas sociais também surgiram do número de escravos e do número crescente de habitantes no ano de 1960. Em 1872, o governo distrital faliu pouco depois do colapso de Jay Cooke and Company (empresa-mãe do Banco), o primeiro cidadão de Nova Iorque e detentor de obrigações a 100% para obras públicas). Contudo, após mais de 200 anos de desenvolvimento, DC começa a tornar-se um centro do governo com um PIB elevado e a população continua a aumentar os custos. Estimar o custo de construção da capital nova nos EUA é bastante difícil porque:no início da independência dos EUA a posição do governo estadual é mais forte que a do governo federal, e os estados ainda emitem a sua própria moeda. Os terrenos utilizados são concedidos pelos estados de Maryland e Virgínia ao governo federal, sem qualquer custo. A mão-de-obra para a construção inicial é levada a cabo por escravos. Estima-se que o custo de construção da capital na fase inicial seja 3 vezes superior ao orçamento federal do governo durante mais do que os primeiros 10 anos. Lições aprendidas. A construção da capital da nova nação leva dezenas ou mesmo centenas de anos, para ser independente. Washington levou 60 anos para se tornar um centro populacional próspero, e até agora ainda está a tentar gerar uma fonte de rendimento de forma independente. Um centro administrativo magnífico e monumental requer um investimento gradual. O primeiro plano de construção do parque, e em Washington só foi concluído em mais de 100 anos, até que uma atribuição de fundos suficiente seja exigida grande parte do Congresso. Marco histórico da cidade de Washington DC

Tampak Depan United States Capitol

## SEJONG, SOUTH KOREA Overview.

O governo sul-coreano nomeou Sejong como a Capital do Estado em 2005 através da lei especificamente. A relocalização da capital do país visa a relocalização de 2/3 das agências governamentais de Seul. A cidade de Sejong situa-se a 120 Km de Seul, que é o centro da economia. A localização no centro da Coreia do Sul faz com que Sejong seja escolhida como a capital para implementar o desenvolvimento da equidade e reduzir o fardo sobre Seul. A cidade de Sejong foi construída como sede do governo coreano do Sul, bem como um centro de investigação e indústria de alta tecnologia. A construção da cidade de Sejong começou em 2007 até 2017, dentro de 10 anos foram construídas 40 agências governamentais e 15 instituições de investigação. O plano de desenvolvimento do Sejong propõe uma atribuição de espaço aberto verde de até 50% da área total. A encarnação do conceito de cidade verde é também realizada através da redução do uso de veículos privados e do aumento do uso de transportes públicos. Isto também é impulsionado pela plantação de 40 milhões de árvores e a construção de pistas para bicicletas ao longo de 350 km. O Sejong City Design baseado no desenvolvimento/concepção de transportes públicos e pedonais destina-se a acomodar as necessidades públicas. Desenvolvimento Este transporte público faz de Sejong City o centro do sistema nacional de transportes ligado a outras cidades principais num período de tempo relativamente curto. Duração do desenvolvimento. Para gerir o desenvolvimento e desenvolvimento da Cidade de Sejong, o governo formou a Agência Administrativa Multifuncional de Construção de Cidades (MACCA). A agência tem autoridade para implementar, licenciar, planear e construir no centro da cidade de Sejong. O objectivo de desenvolvimento da Cidade de Sejong é atingir uma população de até meio milhão de pessoas em menos de 25 anos. Em 2016, a população da Cidade de Sejong atingiu 250.000 habitantes e a deslocação - 67 - o governo está quase terminado. Aqui está o fluxo de planeamento e o desenvolvimento da Cidade de Sejong. O custo. O custo de construção inicial estimado em 2005 era de cerca de 8 mil milhões de dólares, mas o desenvolvimento global da cidade de Sejong está actualmente estimado em 22 mil milhões de dólares ao longo de 30 anos. A aquisição de terrenos para a cidade só foi realizada através de um processo de participação pública envolvendo proprietários rurais que se encontram no campo onde o Sejong vai ser construído. Os proprietários de terras estão dispostos a negociar, porque têm apoiado o novo plano de desenvolvimento da cidade desde o início. A importância do acordo político de várias partes. No planeamento precoce, Sejong precisa de comprometer vários assuntos face à oposição política. O debate prossegue sobre como ultrapassar a ineficiência da governação separada entre Seul e

Sejong.

• A economia da cidade leva décadas a desenvolver-se como um todo. Uma distância demasiado curta faz com que Sejong demore mais tempo a desenvolver-se porque a maioria dos residentes da cidade de Sejong ainda usa frequentemente o horário nocturno e os fins de semana em Seul com as instalações da linha de transporte pendular. Torna-se "trabalho de casa" para o governo fazer com que as cidades Sejong estejam mais vivas. - O desenvolvimento de uma nova cidade capital requer empenho no planeamento e orçamento a prazo. Sejong vai engolir um custo de 22 mil milhões de dólares ao longo de 30 anos de desenvolvimento. Trata-se de um número distante superior à estimativa original, pelo que requer um compromisso sério para que este projecto possa ser bem concluído.

Government Buildings

Perpustakaan Nasional Sejong

# CAPÍTULO 3
## UM ESTUDO DAS IMPLICAÇÕES DO NOVO SISTEMA SERÁ REGULAMENTADO NA LEI SOBRE ASPECTOS DO ESTADO E DO ESTADO DOS ENCARGOS FINANCEIROS BENEFÍCIOS

Necessidades de investimento estimadas para relocalizar a Capital Nacional com base no conceito de uma nova cidade que considere isso: (a) a capital da nação é uma nova cidade sustentável (sustentável) que é inteligente, verde, tem uma identidade e diversidade nacionais; (b) a capital nacional é uma nova cidade de padrão moderno e internacional; e (c) a capital do país com o centro do governo que reflecte a burocracia e os recursos o governo nacional ideal ou recursos humanos civis (ASN). A principal característica de uma cidade inteligente, entre outras, é o transporte entre modos bem integrados (mobilidade inteligente), a disposição dos edifícios planeados de forma eficiente e eficaz (smart building), que é apoiada por tecnologias de informação e comunicação de alta velocidade. O desenvolvimento urbano que se caracteriza por uma cidade verde é: desenvolvimento urbano que dá prioridade aos elementos verdes, ao mesmo tempo que tem a capacidade de se adaptar e mitigar os desastres, o que visa criar equilíbrio ambiental e o conforto dos residentes que a habitam. Entretanto, uma cidade de padrão internacional deve ser apoiada pela disponibilidade de instalações e serviços urbanos equivalentes às instalações e serviços das grandes cidades do mundo indonésio. Quanto à nova capital com um centro governamental ideal, caracterizado pela simplificação dos processos empresariais, eficiência e eficácia do trabalho, bem como os valores ASN precisam de ser implementados, para que a qualidade dos serviços públicos possa ser ainda melhorada. O número de residentes determina os custos que surgem necessários e tem o potencial de se tornar um fardo para as finanças e regiões estatais (novo IKN) no planeamento espacial, infra-estruturas de desenvolvimento, e custos do serviço público.

Na realização do ambiente da capital do estado (IKN), o planeamento espacial urbano precisa de ser concebido para ser eficaz, eficiente e sustentável. Nota: Neste caso, é necessário prestar atenção: (1) os elementos que foram planeados na localização da nova capital, e (2) a dimensão da nova capital a ser concebida. Dada a nova localização da Capital da nação tornar-se-á o centro do governo (executivo), então os elementos que planearam na nova Capital são:Funções executivas, bem como funções ligadas à função do governo central, nomeadamente: funções legislativas (MPR, DPR, e DPD), funções judiciais (Supremo Tribunal Mahkamah e Comissão Judicial), bem como representantes de embaixadas de países; (b) funções de segurança e defesa de um país da capital; (c) membros da família do executivo, legislativo, judicial, bem como de segurança e defesa nacional; e (d) mãe Espera-se que a nova cidade cresça as actividades económicas/empresariais de apoio às funções governamentais, de modo que se prevê que os actores económicos estarão presentes na localização da nova capital. Em seguida, é necessário preparar um cenário do tamanho da cidade que será construída como a capital da nova nação. o primeiro cenário, é supor que todos os ASN são transferidos sem fazer o dimensionamento correcto do número de ASN.

Assim, a nova Capital foi concebida para ser uma nova metrópole. O total de ASN deslocados chega a 195.550 pessoas, e a população total deslocada é um total de 1.500.000 pessoas (- 84 -cenario I no quadro 7.1). O segundo cenário, é assumir que o ASN foi movido com o esquema de dimensionamento correcto, as condições ideais esperadas na gestão da capital de uma metrópole moderna e eficiente. Assim, a capital nacional foi concebida para não se sobrelotar e tornou-se uma grande cidade. O ASN total transferido para 137.170 pessoas, e o número de habitantes na nova localização do IKN é de 870.000 pessoas. O Cenário II é um cenário possível de ser implementado. O montante não é muito diferente da população nas capitais de outros países, como Putrajaya, Sejong e Brasília. Está previsto que Putrajaya seja habitada por 330.000 habitantes. Sejong e Brasília planeiam ser habitadas até 500.000 habitantes (Banco Mundial, 2017).

Estimativa das necessidades de espaço As necessidades de espaço podem ser uma medida da carga financeira dos países e regiões. Em geral, existem cinco componentes principais na função espacial do

35

novo IKN dcenari. Os cinco componentes incluem governo, economia, assentamentos, circulação e infra-estruturas, bem como espaços verdes abertos. Como a nova capital sustentável com valores inteligentes e verdes, bem como eficiente na sua gestão, é necessário ser o mais eficiente possível na utilização da área terrestre. Para tal, o conceito proposto é a construção de escritórios e residenciais. A concepção da parte de cada função é levada a cabo da seguinte forma A função de habitação requer uma porção de 40% da área total do terreno. A porção refere-se ao desenvolvimento experimental de grandes cidades na Indonésia, onde a percentagem média da área de povoamento é de 45,3% da área total - desenvolvimento residencial concebido (liderança residencial não ministerial), então a porção da área de povoamento é concebida em 40% da área total do terreno. Em detalhe, esta parcela é necessária para infra-estruturas rodoviárias em 12%, circulação de água em 6%, e necessita de outra circulação em 2%3. 3. De acordo com as disposições da Lei n.º 26 Anos 2007 sobre o Ordenamento do Território, a função de espaço verde aberto (RTH) do público é composta por pelo menos 20% do total da área terrestre. A disposição relativa à proporção de espaço aberto verde público destina-se a: assegurar o equilíbrio dos ecossistemas urbanos, sistemas hidrológicos, e outros sistemas ecológicos que podem melhorar a disponibilidade de ar limpo que é necessário à comunidade, ao mesmo tempo que aumenta o valor estético da cidade.

Além disso, a função do governo requer uma porção de 5% da superfície terrestre total. A função inclui cargos executivos, legislativos e judiciais. A função económica requer uma porção de 15% da área total de terra. A área é fornecer espaço para os agentes económicos/empresariais apoiarem os serviços à economia da nova capital.

Com base no cálculo do número ideal de funcionários do governo para construir a capital da nação recentemente adquirida espaço residencial (ocupando uma parte da função de povoações), instalações e infra-estruturas para o tratamento de água potável, águas residuais, electricidade, transporte, mercado e outros. Uma visão geral das necessidades de espaço ideal seria 40.000 Ha no Cenário I e 30.000 Ha A necessidade de espaço ideal é suficiente para considerações de investimento. Desenvolvimento residencial uma nova cidade que é levada a cabo pelo sector privado não é geralmente superior a 3.000 ha. Com uma área de 30.000 ha proporcionará uma boa oportunidade de negócio para os promotores participarem no investimento em residências e escritórios. Em comparação com o Cenário I, onde se assume que a burocracia ASN ainda está a funcionar como as condições existentes, então estima-se que o Cenário II seja mais eficaz para o investimento numa área de 30.000 ha. Com base nos requisitos de função espacial que foram descritos anteriormente, o plano de ordenamento da área da Capital do Estado foi dividido em 4 zonas. O zoneamento da área com base na função da área com um grande loteamento diferente. Cada zona regional tem uma prioridade de desenvolvimento que vai desde a zona central da Capital do Estado até à expansão da Capital Nacional, que continuará a ser desenvolvida de acordo com a área total planeada. A divisão do plano de ordenamento consiste em 4 áreas: Zona-1 A Área Central do Governo Central consiste na Presidência do Palácio, Gabinete das Instituições do Estado, (Executivo, Legislativo e Judiciário) é desenvolvida numa área de 2.000 ha. b. Zona-2 da Região da Capital Nacional com a designação de funções de apoio e suporte da área central central do núcleo, o governo existente é desenvolvido a partir da região Anteriormente era de 40.000 ha c. A Zona-3 da Área de Expansão da Capital do Estado I é o desenvolvimento da zona IKN com a função principal de espaço para o desenvolvimento da área com uma área de 200.000 Ha d. A Zona-4 da Área de Expansão da Capital do Estado II é uma expansão da zona anterior com cobertura de cidade área metropolitana com uma área de mais de 200.000 Ha

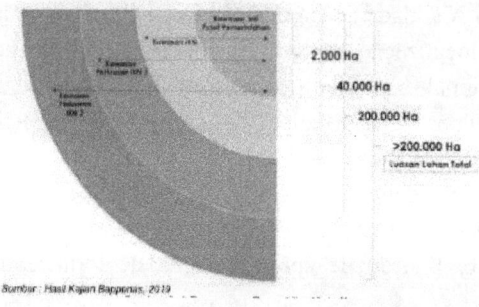

37

| Distribusi Pembagian Fasilitas dalam Kawasan Zoning | |
|---|---|
| **Zona Kawasan** | **Fasilitas dalam Kawasan** |
| Kawasan Inti Pusat Pemerintahan (2.000 Ha) | • Istana Kepresidenan<br>• Kantor Lembaga Negara (Eksekutif, Legislatif, Yudikatif)<br>• Taman Budaya<br>• *Botanical Garden* |
| Kawasan Ibu Kota Negara (total akumulatif 40.000 Ha) | • Perumahan ASN/TNI/POLRI<br>• *Diplomatic Compound*<br>• Fasilitas pendidikan dan kesehatan<br>• Universitas, *Science and Techno Park*,<br>• *High Tech and Clean Industries*,<br>• *R&D Center*<br>• *MICE/Convention Center*<br>• *Sport Center, Museum,*<br>• *Shopping Mall*<br>• Pangkalan Militer<br>• Klaster Permukiman Non-ASN |
| Kawasan Perluasan IKN-1 (total akumulatif 200.000 Ha) | • *National Park*<br>• Konservasi Orang Utan<br>• Klaster Permukiman Non-ASN |
| Kawasan Perluasan IKN-2 (>200.000 Ha) | • Metropolitan<br>• Wilayah pengembangan terkait dengan wilayah proinsi sekitarnya |

Sumber: Hasil Kajian Bappenas, 2019

**As funções da área são planeadas de acordo com as necessidades das actividades da área na Capital Nacional.**

Os tipos de actividades na área, boas funções governamentais e não governamentais determinarão as instalações planeadas nesta área. Todas as instalações determinarão as funções de cada edifício, bem como a área e o volume do desenvolvimento planeado. Depois as instalações em cada área representam o desenvolvimento prioritário por zona. Quanto à distribuição As instalações necessárias são agrupadas de acordo com a sua função, os pormenores são os seguintes: a. A função principal. Uma das principais agendas da transferência A Cidade da Capital Nacional (IKN) é a transferência do governo da localização central. Assim, o edifício do governo como meio operacional, bem como o centro de actividade de uma empresa, o governo central é a principal componente do investimento físico construído. Detalhes das instalações que estarão no edifício incluem: a) Palácio Presidencial; b) Edifício estratégico TNI/POLRI; c) Gabinete das Instituições do Estado (Executivo, Legislativo, Judiciário). b. Função de apoio. Função de fornecer uma série de instalações de apoio que precisam de ser preparadas para apoiar as actividades dos centros governamentais a serem construídos. Detalhes das instalações a serem construídas incluem: a) Habitação ASN; b) Habitação não ASN; c) Instalações educativas: SD, SMP, SMA, e Universidades; Instalações de Saúde: Puskesmas & Hospital; e) Instalações de Segurança Ambiental c. Função de Apoio. A construção de infra-estruturas e instalações é geralmente necessária para apoiar todas as actividades de modo a facilitar a suavidade e a facilidade da actividade diária da sociedade. O plano de instalações de apoio a construir inclui: a) Infra-estruturas de apoio: Rede rodoviária, estação de tratamento integrado de resíduos, sistema de abastecimento de água potável, sistema de resíduos, sistema de drenagem de áreas urbanas, linhas de condutas para redes de telecomunicações; b) Rede de transmissão e distribuição de electricidade: PLTU de carvão; c) Melhoria da capacidade aeroportuária e portuária, e estradas com portagem Necessidades estimadas para interacção social, económica e cultural Para além da adição de ASN, várias actividades para a nova capital atrairão outros participantes. É necessária alguma estratégia para que as interacções entre ASN, outros imigrantes e residentes que vivem na área da futura capital do país funcionem harmoniosamente. A aceitação comunitária e o processo de interacção que irá ocorrer nas estruturas sociais, económicas e culturais da sociedade que são heterogéneas é muito importante, não só no momento do planeamento, e o processo de desenvolvimento continua, mas também até ao funcionamento da capital da nova nação. O processo de transferência mãe participativa e inclusiva das cidades-estado é a base da formação de uma cidade com uma sociedade cosmopolita (plural) mas que ainda respeita a diversidade cultural. As Cinco Maiores Etnias da Província de Kalimantan Oriental Java totalizam 1.064.610 por 30,2% Bugis número 725.420 por 20,6% Banjar total 437.790 12,4% Dayak (vários grupos) total 330.090 9,3 Kutai total 271.620 a 7,7% Fonte: Extraído do Censo 2010 Actualmente na província de Kalimantan Oriental existem cinco grupos étnicos grandes, com um número bastante grande de imigrantes (73,2%). A maior parte deles veio de Java, que se mudou como transmigrantes no período 1970 - 1980s. O desenvolvimento no Kalimantan Oriental também atraiu a migração de Bugis, Banjar e vários outros grupos étnicos, muitos dos quais aculturaram através da mistura inter-tribal, incluindo com grupos étnicos indígenas como The Paser, Kutai, e vários outros grupos Dayak. O carácter e os costumes da tribo Dayak são basicamente muito abertos, porque adere a uma trilogia de civilizações, nomeadamente: respeito pelos antepassados, obedecer aos seus pais, e fazer a paz e harmonia com o Estado. A abertura dos povos indígenas, a diversidade sócio-cultural existe há muito tempo, e a formação de uma sociedade que heterogénea é um valor acrescentado para a deslocação da capital do país para outro Kalimantan oriental. A vida económica do povo de Kalimantan Oriental é também diversa, variando entre pequenas e médias indústrias, pescas, agricultura, plantações, mineração e serviços. As plantações de desenvolvimento industrial e a exploração mineira mudaram os padrões da economia da comunidade que se adapta de acordo com as condições existentes Um dos principais problemas enfrentados até hoje é o conflito sobre a posse da floresta e as áreas tribais Dayak. Para o povo Dayak, a floresta é fonte de leite e é considerada o coração de Kalimantan, pelo que necessita de ser preservada. Devido a uma ligação muito próxima Neste caso, os povos indígenas Dayak querem proteger e proteger a floresta, mas no seu desenvolvimento são marginalizados. A presença de transmigrantes, por exemplo, penetra nas áreas de terra habituais da comunidade Dayak. As aldeias transmigratórias foram então expandidas, tornando-se uma aldeia definitiva e obtendo um programa de certificação de terras, infra-estruturas básicas, e fundos de aldeia. Enquanto que os povos indígenas Dayak da aldeia, muitas vezes isolados no meio da conservação da floresta, não o conseguem.Nos anos 70, houve um programa de reassentamento que deslocou a comunidade Dayak da sua terra natal ancestral, e que depois lhe foi atribuído o estatuto de País Florestal. Com este estatuto, vários objectivos são implementados, tais como áreas de conservação, florestas de plantação industrial, ou mineração. Esta condição bloqueia o acesso da comunidade Dayak à sua terra ancestral, e se procuram viver na floresta são considerados como invasores florestais. Actualmente, a sociedade Dayaks trabalha em vários sectores, desde cultivadores, trabalhando em plantações ou mineração, até se tornar um funcionário público. Relativamente ao plano de transferência IKN, existem 2 impactos potenciais socioeconómicos, nomeadamente a perda de meios de subsistência e de lugares de permanência, especialmente para aqueles que trabalham e vivem na área de plantação florestal. Para que a transferência de ASN e elementos apoiantes e o desenvolvimento IKN reforce a resiliência do povo de Kalimantan, tanto ecológica, económica, social e cultural, são necessárias várias estratégias como se segue:Representação da identidade cultural no desenvolvimento IKN, por exemplo, o uso de símbolos/ornornamentos Dayak na construção, desenvolvimento de zonas culturais, preservação de sítios culturais através de museus ou parques como o exemplo em algumas das principais cidades do mundo. 2. A compreensão da diversidade cultural e das condições sócio-económicas da população local precisa de estar preparada para se tornar o fornecimento de conhecimento ASN a ser transferido, para que haja uma integração justa da vida comunitária, para que os benefícios do desenvolvimento IKN sejam sentidos por todo o Público. 3. Para a sustentabilidade da subsistência da população local, são necessárias sinergias culturais e sabedoria local com a utilização de tecnologia e inovação, por exemplo, um local de negócios juntamente com equipamento de produção, gestão alimentar gerida por comunidades locais, desenvolvimento de agricultura inteligente, plataforma de venda de artesanato, etc. O que se pretende é a realização de actividades económicas que permitam a independência, a manutenção de uma cultura digna, a disponibilidade de oportunidades de negócio entre gerações.

**A melhoria dos recursos humanos tem de ser feita desde o planeamento inicial da IKN.**

A partir do ano fiscal de 2020, espera-se que vários sectores relacionados com o ensino profissional, o ensino superior, e várias actividades de preparação para o emprego dirigidas a aumentar a capacidade dos estudantes e jovens na área da IKN e os seus apoios. Necessidade de ser considerado o estabelecimento de quotas para melhorar as competências dos grupos marginais (entre outros: Tribo Dayak, grupos de mulheres jovens, grupos de pessoas com deficiência, etc.) a fim de participar directamente no desenvolvimento da IKN. As instalações e infra-estruturas preparadas reflectem a potencial carga financeira estatal e local. Uma das principais agendas de deslocalização da capital é a transferência da localização do governo do centro administrativo. Assim, o edifício do governo como instalações operacionais e centros de actividade de uma administração governamental central é uma componente importante do investimento físico construído. As principais instalações que precisam de ser construídas no IKN incluem o palácio presidencial e o edifício K/L (edifícios) executivo), edifício de escritórios legislativos, edifício de escritórios judiciais, sede da POLRI e sede da TNI. Com um número muito grande de K/L muitos, o governo pode considerar opções combinando vários K/L num único edifício, ou construir edifícios K/L numa única área como implementado em Sejong, Coreia do Sul (Banco Mundial, 2017). Para apoiar o centro governamental que será construído, há uma série de instalações e infra-estruturas que precisam de ser preparadas: Instalações e infra-estruturas públicas e serviços públicos. Os meios e as infra-estruturas construídas devem ser de nível internacional.

A construção de instalações de transporte em massa, tais como paragens de autocarros, terminais, estações e comboios é necessária para a suavidade e facilidade das actividades diárias da comunidade, a construção de infra-estruturas e instalações públicas é também necessária para apoiar todas as actividades, tais como: rede rodoviária, águas residuais, resíduos sólidos, drenagem, água potável, electricidade, telefone, gás, combate a incêndios, iluminação pública de rua. O desenvolvimento de instalações tais como educação, instalações de saúde, culto, comércio, recreação e desporto são também, evidentemente, necessárias para apoiar as necessidades de saúde e educação. As instalações educacionais que são construídas devem cobrir todos os níveis, desde o ensino básico, secundário e superior, de modo a que as necessidades dos residentes deslocados possam ser satisfeitas. Entretanto, a construção de instalações de saúde inclui hospitais e centros de saúde. Alojamento e Assentamentos. A ocupação estimada das necessidades dos funcionários públicos é de 300.000 unidades. Para isso, é necessário construir o maior número possível de residências para satisfazer as necessidades dos funcionários públicos activos na cidade, bem como para a economia dos perpetradores que requer um local para viver. As opções residenciais a serem construídas consistem em dois tipos, nomeadamente casas de banda de rodagem e habitações de vários andares (apartamentos/apartamentos). Parques e Florestas Urbanas. Sendo a nova capital sustentável com um ecossistema de padrão internacional, é necessário desenvolver instalações paisagísticas e espaços verdes abertos, tais como peões, florestas urbanas, zonas agrícolas, conversão de florestas, zonas ribeirinhas, terrenos de plantação (RTH) pelo sector público em 20% do total de terrenos construídos. Quanto à construção de uma nova capital, o governo não deve construir sempre de raiz todas as instalações. Partido O governo pode tirar partido das instalações e infra-estruturas existentes, especialmente se os custos necessários não forem pouco. Os sistemas de redes de transporte, tais como portos e aeroportos, são exemplos de infra-estruturas de alto custo que precisam de ser cuidadosamente consideradas, pelo que a sua proximidade e acesso às instalações e infra-estruturas públicas existentes é muito importante. Visão geral das finanças do Estado A descrição do sistema financeiro IKN relaciona-se com o cálculo e inventário das fontes de rendimento IKN e cálculo das despesas IKN - todas elas relacionadas com coisas que podem sobrecarregar as finanças do Estado. Lei nº 17 de 2003 relativa às Finanças O Estado estipula que as receitas do Estado são todas as receitas provenientes de receitas fiscais, receitas não fiscais do Estado e recepção de subsídios de dentro e fora do país. Em resumo, pode concluir-se que a fonte de receitas do Estado provém de três sectores, nomeadamente: receitas fiscais, não fiscais e subvenções. Estas três fontes são a fonte de receitas em dinheiro do país em geral. O montante das receitas recebidas pelo Estado determinado pelo Ministério das Finanças, com a aprovação do presidente, discutido em conjunto com a Câmara dos Representantes. A fonte de receitas, depois de passar por um determinado processo, voltará para o povo sob a forma de programas de ajuda ou desenvolvimento de instalações públicas.

As fontes de rendimentos estatais provenientes de impostos incluem, pelo menos, o Imposto sobre o Rendimento, o Imposto sobre o Valor Acrescentado, o Imposto sobre a Venda de Bens de Luxo, o Imposto Predial e o Imposto de Construção, o Imposto de Exportação, o Imposto sobre o Comércio Internacional e as Alfândegas e Impostos Especiais sobre o Consumo. O montante da taxa do imposto foi determinado pelas leis fiscais aplicáveis. A fonte de receitas do Estado é proveniente do sector não fiscal e consiste nos lucros das Empresas Públicas (BUMN), gestão de recursos naturais, empréstimos, bens confiscados, impressão de dinheiro ou donativos. Fonte de receitas do Estado, a terceira é uma subvenção. Uma subvenção é uma doação que é dada ao governo, mas não é feita com base num empréstimo. Doação O rendimento obtido destina-se geralmente a financiar o desenvolvimento. Além disso, os rendimentos provenientes de empréstimos fora do Estado também podem ser sob a forma de empréstimos para programas ou empréstimos para projectos com um determinado período de tempo.

## A Capital do Estado (IKN) da Indonésia é Oficialmente Chamada Nusantara.

A Capital do Estado (IKN) da Indonésia é oficialmente chamada Nusantara. Isto foi declarado pelo Ministro do Planeamento do Desenvolvimento Nacional ou pelo Chefe da Agência Nacional de Planeamento do Desenvolvimento, Suharso Monoarso. A escolha do nome foi baseada na decisão do Presidente Joko Widodo (Jokowi, ed). O nome Nusantara foi utilizado, depois de eliminar 79 outros nomes propostos por linguistas e historiadores. Entre eles estão Negara Jaya, Nusa Karya, Nusa Jaya, e assim por diante.

A decisão do governo suscitou reacções de vários partidos. Incluindo um deles, Purnawan Basundoro, Docente do Programa de Estudos de História, Faculdade de Ciências Culturais, Universitas Airlangga (FIB Unair) explicou então sobre a origem da palavra Nusantara. de acordo com (Prof. Purnawan, terça-feira 25/1/2022) http://kominfo.jatimprov.go.id/read/umum/nusantara-resmi-jadi-nama-ibu-kota-negara-baru-ini-history-Nusantara vem da velha língua javanesa. consiste em duas sílabas que são combinadas numa só, nomeadamente Nusa e Antara. Nusa significa Ilha e Antara significa Fora do Arquipélago e depois tem o significado de "fora das ilhas".

"Porquê chamar-lhe a palavra fora, porque se relaciona com as ilhas fora de Java que anteriormente estavam unidas por causa da figura Gajah Mada através do Juramento de Palapa, segundo (Prof. Purnawan, terça-feira 25/1/2022) O nome Nusantara foi de facto muito popular no passado. O conceito de Nusantara foi então utilizado para se referir a esta área da Indonésia, mas antes disso não havia nenhuma palavra indonésia. Assim, as pessoas que vêm à Indonésia chamam-lhe então Nusantara", disse o Prof. O conceito de Arquipélago era diferente do actual Agora Nusantara já não é utilizado para substituir a palavra Indonésia e todo o seu território. A mudança do IKN que era originalmente DKI Jacarta (Província de Jacarta, ed) fez de Nusantara apenas um dos nomes de regiões na Indonésia".

"Claro que deve haver uma afirmação que distinga o significado de Nusantara em termos de significado e história de Nusantara como IKN. Não deixe que isso interfira com a aprendizagem da história indonésia no futuro. Nusantara por um lado é IKN, mas por outro lado é um conceito histórico que tem um significado próprio e se refere à antiga região indonésia", explicou o Prof. Purnawan. Por esta razão, o conferencista que recebeu um prémio do Governo da cidade de Surabaya (Pemkot) em 2021 como observador na preservação do património cultural disse que não havia problema com a palavra Nusantara se esta fosse usada como nome do novo IKN. "A questão é desde que haja uma explicação nas lições de história relacionadas com o conceito do arquipélago no passado e no presente. Se isso tiver sido feito, então não haverá mais confusão na comunidade em relação à diferença entre os dois. Dessa forma, Nusantara está bem se for usado como nome deste novo IKN na Indonésia", concluiu o Reitor da FIB Unair.

# CAPÍTULO 4
## LEGISLAÇÃO RELATIVA À FORMA DE GOVERNO DO ESTADO
## CAPITAL

Legislação relacionada com a Forma O Governo da Capital do Estado, entre outros: a. Artigo 18 e Artigo 18B da Constituição República da Indonésia Ano 1945 "Constituição do Ano 1945"; 1. O Estado Unitário da República da Indonésia está dividido em regiões As províncias e áreas provinciais estão divididas em distritos e cidades, que cada província, distrito, e a cidade tem um governo local, que é regulado por lei.
2. Os Governos Provinciais, Regência e Municipais organizam e gerem os seus próprios assuntos governamentais de acordo com o princípio da autonomia e da co-administração.
Governos provincial, distrital e regional A cidade tem um Conselho Representativo Popular Regional, cujos membros são eleitos através de eleições gerais.
4. Governador, Regente e Presidente da Câmara respectivamente como chefe do governo provincial, distrital e municipal eleitos democraticamente.
5. Os governos regionais exercem a mais ampla autonomia possível, excepto para assuntos governamentais, que a lei é determinada como um caso Governo central. 6. Os governos locais têm o direito de estabelecer regulamentos regionais e outros regulamentos para o desempenho de tarefas de autonomia e assistência. 7. A estrutura e os procedimentos para administrar a área governamental são regulados por lei.
Artigo 18A 1. a relação de autoridade entre o governo central e os governos provinciais, distritais e municipais, ou provinciais e distritais e municipais, regulada pela lei com a devida atenção às especificidades e diversidade regional. 2. As relações financeiras, serviços públicos, utilização dos recursos naturais e outros recursos entre o governo central e o governo local são reguladas e implementadas de forma justa e harmoniosa, com base na

Constituição. Artigo 18B 1. o Estado reconhece e respeita as unidades de governo regional que são especiais ou privilégios regulados por lei. 2. O Estado reconhece e respeita estas unidades comunidades de direito consuetudinário e os seus direitos tradicionais enquanto ainda estiverem vivas e de acordo com o desenvolvimento da sociedade e os princípios da República Unitária de Estado da Indonésia, que é regulada por lei. b. UU n.º 23 de 2014 relativa ao Governo Regional "Lei sobre o Governo Regional";

A forma de governo do Arquipélago IKN: Região Autónoma (nova) sob a forma de Província Com base no artigo 18 parágrafo (1), o território do Estado Unitário da República da Indonésia foi completamente dividido em regiões Província, Regência e Cidade e todas elas são geridas pelo Governo Local. Parágrafo (6) O mesmo artigo regula que as três formas de governo estão inseridas no princípio da autonomia e da co-administração.

Com base no artigo 18 parágrafo (1), (2), (3), (4), (5), e (6), a escolha da forma de governo IKN é uma região autónoma, tanto sob a forma de províncias como de cidades. O artigo 18 parágrafo (4) estipula que a província é chefiada pelo Governador e para A cidade é chefiada pelo Presidente da Câmara. Com base nesse artigo, ambos devem ser eleitos democraticamente, quer através de eleições directas quer através de eleições pelo DPRD.1 Além disso, com base no artigo 18 parágrafo (3), a escolha da forma de governo IKN sob a forma de província ou cidade autónoma requer a existência de um DPRD, que deve ser eleito nas eleições gerais.

Na realização desta escolha, é claro que, tecnicamente, tem de ser a Formação de Novas Regiões através da Expansão, como parte do Acordo Regional, tal como regulamentado no Artigo 31 parágrafo (3) e parágrafo (4) jo. O Artigo 32 parágrafo (1) e parágrafo (2) da Lei de Governo Regional. A expansão regional pode ser realizada na Província de Kalimantan Oriental, que está relacionada com a Kutai Kartanegara Regency e Penajam Paser Regency North com procedimentos técnicos, conforme regulado pelo Artigo 33 a 43 da Lei de Governo Regional. Áreas Especiais Dentro da Província de Kalimantan Oriental O Artigo 360º da Lei sobre o Governo Regional estipula que o Governo Central pode estabelecer Áreas Especiais, que no contexto do presente Documento Académico, Região Especial da Capital do Estado dentro da actual Província, Kalimantan Oriental. De acordo com o Artigo 1 número 42 da Lei De acordo com a lei quo, as Áreas Especiais fazem parte do território interno Área Provincial e/ou regência/área urbana que o Governo Central determinou para desempenhar funções governamentais especiais de interesse nacional, conforme regulado nas disposições das leis e regulamentos. A formação desta área especial deve ser baseada em certos assuntos governamentais. Nos termos do artigo 360º parágrafo (1) que estipula que "Para organizar" certas funções governamentais estratégicas para o interesse nacional, o Governo Central pode determinar uma área especial dentro da província e/ou distrito/zona urbana". Entretanto, as Áreas Especiais que são formadas devem abranger vários tipos de Áreas Especiais de acordo com o Artigo 360 parágrafo (2), nomeadamente: a. área de comércio livre e/ou porto livre; b. área florestal protegida; c. área florestal de conservação; d. área de parque marinho; e. área de caça; f. zonas económicas especiais; g. zona de servidão; h. zona militar; i. zona industrial; j. zonas antigas; k. zona de reserva natural; l. zona de património cultural; m. zona de autoridade; e n. zonas para outros interesses nacionais que se regem pelas disposições legislativas e regulamentares.

No contexto desta Lei IKN, as Áreas Especiais que serão formadas para outros interesses nacionais, tal como mencionado na carta n. Por conseguinte, esta área especial, por ser uma região central, torna-se então uma área administrativa. esta lei define a Região Administrativa como uma "área de trabalho" aparelho do Governo Central, incluindo o governador como representante do Governo Central para organizar o Governo sob a autoridade do Governo Central em Regiões e áreas de trabalho de governadores e regentes/maiores na realização de assuntos do Governo Geral na Área".

Como área administrativa, o IKN . área especial rodeada por regiões autónomas, nomeadamente distritos autónomos Kutai Kartanegara e a região autónoma          de     Penajam Regency Paser     Com estas condições, a escolha da forma de governo sob a forma de uma área administrativa tem consequências para    ter de limpar a divisão de assuntos entre áreas administrativas na área especial do IKN com um quo de regiões autónomas. Combinação de Formação de Região Autónoma Provincial (Nova) e Área Especial A terceira opção é formar uma província autónoma baseada no Artigo 18 da Constituição da República da Indonésia de 1945 e estipulada tornar-se IKN, depois na Província a IKN é formada Área Especial do Governo Central. Todas as actividades e a função do IKN são realizadas na Área Especial que é especificamente regulamentada na Lei do IKN. A diferença com a Escolha da Forma de Governo do IKN 3 está nesta opção, o planeamento espacial das Áreas Especiais está sujeito ao planeamento espacial da Província IKN, não da Província de Kalimantan Oriental. Assim, as actividades de planeamento podem ser mais fáceis de fazer porque tudo começa a partir das variáveis iniciais e sem potenciais obstáculos ao desenvolvimento. O primeiro passo é a formação de uma nova Província, tal como já descrito tecnicamente em Escolha da forma de governo IKN 1 acima. O segundo passo é estabelecer a nova província como IKN através da Lei IKN. Depois disso, Terceiro, o Governo Central estabelece uma Área Especial para o Governo Central dentro da província do IKN, que é especificamente regulamentada na Lei do IKN. Esta Área Especial é o núcleo do IKN e o centro de todas as actividades da administração estatal no IKN. O primeiro e segundo passos podem ser combinados num único projecto de lei, nomeadamente o projecto de lei IKN, considerando a eficiência da redacção da Lei e o parágrafo do Artigo 43

(3) da Lei sobre O Governo Regional não menciona especificamente que a nova Lei de Formação Regional deve ser autónoma. Escolha da Forma de Governo IKN 4: Região Especial da Capital Nacional O artigo 18B acima proporciona uma oportunidade de regular a forma e a estrutura do Governo IKN torna-se mais exclusiva e pode ser regulada livremente por lei, com base nas especificidades e privilégios da área. O Artigo 18B serve de base para regular áreas fora do país a partir do que é regulado no Artigo 18, como descrito acima, por exemplo, a Região Especial de Yogyakarta. A Lei do IKN pode regular livremente a Região Especial da Capital Nacional no que diz respeito 1) às eleições regionais de dirigentes que não devem passar por eleição directa pelo povo ou por eleição pelo DPRD, mas pode ser providenciado que o chefe das regiões nomeado

50

pelo Presidente; 2) à existência de um DPRD que pode ser estabelecido para ser abolido; a disposições governamentais outras áreas que estão excluídas da legislação de vários regulamentos. Esta forma de governo é de facto livre, mas requer ajustes detalhados porque cria um novo sistema. Além disso, necessita de um estudo mais aprofundado sobre a "especificidade" referida no artigo 18B, considerando, com base nas discussões entre peritos jurídicos e governamentais durante a preparação deste Documento Académico, que ainda existe uma diferença de interpretação sobre o mesmo para poder ser utilizado como base para a formação de uma área especial para o IKN. A história do artigo 18B parágrafo (1) aparece no Comité Ad Hoc III emendas à Constituição de 1945 em 2000.

No tratado da reunião das emendas à Constituição de 1945 (a Equipa de Redacção do Manuscrito) Processo Integral e Resultados da Emenda à Constituição de 1945, 2008), verificou-se que os termos região especial e região especial apareceram no debate sobre a emenda do artigo 18 que é actualmente o artigo 18 parágrafo (1) ao parágrafo (7), especialmente os relacionados com a determinação dos chefes regionais sem passar por eleições democráticas (como excepção para o privilégio de Yogyakarta). Além disso, o parágrafo (1) do artigo 18B também discute a especificidade da Região da Capital Especial (DKI) e da Papua. Com este estatuto especial, a forma e disposição do governo local das "unidades governamentais" áreas especiais" pode ser definida separadamente no exterior das disposições do Artigo 18 (resultados das mudanças). O que se torna um exemplo para debate no PAH III é a abolição do governo regional autónomo da cidade e dos distritos dentro da Província de Jacarta da DKI. Assim, com base na intenção original do formulador do Artigo 18 B parágrafo (1), a formulação da forma e composição da governação no IKN no futuro pode basear-se no Artigo 18B parágrafo (1) como uma "unidade de governo" áreas especiais" para que a Lei IKN possa regular várias coisas de forma distinta e exclusiva, tais como a ausência do DPRD, Chefe da Região Especial do IKN nomeado pelo Presidente (sem DPRD ou eleição directa), etc.

A lei IKN irá adoptar esta 4ª opção como uma opção que se espera que abra espaço para a inovação do governo IKN, ao mesmo tempo que permanece constitucional. No que diz respeito à constitucionalidade da escolha da forma deste 4º governo com base no Artigo 18B parágrafo (1), várias decisões do Tribunal Constitucional (MK) podem servir de referência. Com base na descrição anterior, a forma de governo que o mais apropriado para o IKN é o Estado da Região da Capital Especial com a consideração de que o Artigo 18B parágrafo (1) proporciona flexibilidade para formar uma unidade de governo regional especial de modo a poder acomodar a visão e missão institucional apropriada do IKN com análise de custo e benefício no formato institucional como descrito no Capítulo II. Esta forma do governo do IKN não só é precisa nos seus cálculos, mas também constitucional. Regulamento Lei n.º 3 de 2022 relativo ao Anexo I à Lei n.º 3 de 2022 relativo ao Anexo II à Lei n.º 3 de 2022 relativo ao Regulamento n.º 17 de 2022 relativo ao Financiamento e Gestão Orçamental no Contexto da Preparação, Desenvolvimento e Transferência da Capital Nacional e Administração da Região da Capital Especial do Arquipélago Regulamento Presidencial nº 62 de 2022 relativo à Autoridade da Capital do Arquipélago Regulamento Presidencial nº 63 de 2022 relativo aos Pormenores do Plano Director da Capital do Arquipélago Anexo ao Regulamento Presidencial nº 63 de 2022 relativo aos Pormenores do Plano Director da Capital do Arquipélago Regulamento Presidencial nº 64 de 2022 relativo ao Ordenamento do Território da Capital Nacional da Área Estratégica Nacional do Arquipélago para 2022-2042 Anexo ao Regulamento Presidencial nº 64 de 2022 relativo aos Planos Espaciais da Capital Nacional do Arquipélago Área Estratégica Nacional para 2022-2042 Regulamento Presidencial nº 65 de 2022 relativo à Aquisição e Gestão de Terrenos na Capital do Arquipélago Regulamento do Chefe da Autoridade da Capital do Arquipélago nº 1 de 2022 relativo à Organização e Procedimentos de Trabalho da Autoridade da Capital do Arquipélago

## Legislação relativa ao Ordenamento do Território, Infra-estruturas e Ambiente da Capital Nacional

Legislação que é analisada na secção esta é a Lei n.º 26 de 2007 relativa ao Ordenamento do Território e a UU n.º. 32 de 2009, relativa à Protecção e Gestão do Ambiente. UU n.º 26 de 2007 relativa ao Ordenamento do Território Esta lei é a lei principal que regula o Plano Nacional de Ordenamento do Território que é depois traduzida como um plano espacial a nível provincial, distrital e municipal. O artigo 5 parágrafo 5 desta lei trata do planeamento integrado básico da Capital Nacional como Área Estratégica Nacional. O artigo estipula que "O planeamento espacial baseado no valor estratégico da área consiste: no planeamento espacial de áreas estratégicas nacionais, espaço de área estratégica provincial, e área estratégica distrital/urbana de planeamento espacial". O artigo 8 parágrafo (3) desta Lei estipula também que a autoridade governamental na implementação de áreas estratégicas nacionais de ordenamento do território inclui: Determinação de áreas estratégicas nacionais; b. Planeamento espacial de área estratégica nacional; c. Utilização do espaço de área estratégica nacional; e D. Controlo da utilização do espaço de área estratégica nacional.

Assim, juntamente com o planeamento do desenvolvimento do IKN, é necessário desenvolver uma base jurídica para a determinação da Área Estratégica Nacional da Capital do Estado, porque no artigo 8 parágrafo (4) abre a possibilidade de o governo local exercer a autoridade de utilização do espaço da área estratégica nacional e controlar a utilização das áreas estratégicas nacionais através da desconcentração e/ou co-administração, que desconcentração pode ser dada ao governador como representante do governo central nas regiões, enquanto a assistência pode ser dada ao governador e aos regentes/maiores para a implementação de aspectos de utilização e controlo de valores não estratégicos que se tornam a base para a determinação da área estratégica nacional, de modo que o estabelecimento de objectivos no projecto de lei relativo ao IKN é de natureza especial a partir das disposições do artigo 8º deste verso.

Regulamentos relativos à determinação de áreas estratégicas nacionais mais regulamentadas no Regulamento Governamental n.º 26 2008 relativo ao Ordenamento do Território Nacional, com a última redacção que lhe foi dada pelo Regulamento Governamental n.º 13 2017. O artigo 75 estipula que a determinação da área estratégica nacional é efectuada com base nos interesses de: a. Defesa e segurança; b. Estabelecimentos económicos; c. Social e cultural; Utilização de recursos naturais e/ou tecnológicos elevados; e/ou e. A função e capacidade de carga do ambiente. Para determinação, Artigo 82 parágrafo (2) jo. O parágrafo (3) dá flexibilidade ao governo central para determinar áreas estratégicas nacionais diferentes das já definidas com base no Regulamento Governamental n.º 26 de 2008 com o instrumento jurídico do Regulamento Presidencial. Assim, o governo tem um melhor ritmo em termos de determinação das áreas estratégicas nacionais que se encontram apenas sob a forma do instrumento de Regulamento Presidencial. No contexto dos arranjos espaciais, com base nos argumentos acima expostos, a autoridade do governo central na implementação do planeamento espacial é levada a cabo concedendo autoridade à Autoridade da Capital Nacional como instituição a nível ministerial que, legalmente sob o governo central, numa base legal que o artigo 18B parágrafo (1) da Constituição do Estado República da Indonésia em 1945, que o Estado reconhece e respeita as unidades do governo local que são de natureza especial ou especial que é regulada pela lei, que está actualmente com o estabelecimento da proposta de lei relativa à Capital Nacional então A Autoridade da Capital Nacional tem autoridade para regular os arranjos de planeamento relativos ao planeamento espacial na área da mãe Cidade do Estado.

PP No.68 de 2014 relativo à Defesa do Estado do Planeamento Regional. Disposições espaciais que são de natureza holística e se tornam a principal referência na implementação de actividades no Estado fazem com que outros aspectos que são vitais também tenham de ser considerados para assegurar que objectos importantes do país ainda sobrevivam e não pereçam devido aos factores de ataque de outros países. Como mencionado no Artigo 22 da Lei Número 3 de 2002 relativa à Defesa Nacional, que o território da República Estatal Unitária da Indonésia pode ser utilizado para a formação de capacidades de defesa através da defesa da sociedade correcta e das leis e regulamentos, bem como das áreas utilizadas para instalações militares e treino militar estratégico e permanente estabelecido por instrumentos legais de regulamentos governamentais, então o arranjo da área de defesa precisa de ser regulado para estabelecer a direcção da implementação do planeamento espacial da área de defesa A determinação da área de defesa absoluta é uma autoridade do governo central, tal como reflectido no Artigo 7 que dizia que a área de defesa coberta por bases militares ou de cavalaria, áreas de treino militar, e instalações militares são parte integrante dos regulamentos governamentais, enquanto que para a área de defesa que inclui: a. Áreas de teste para equipamento e armas militares; b. Área de armazenamento de mercadorias explosivas e perigosas outras; c. Equipamento de munições e de defesa área de eliminação de outros objectos perigosos; d. Objectos estratégicos vitais nacionais; e/ou e. Interesses da defesa aérea. Determinados por decreto ministerial executam assuntos governamentais no domínio da defesa. A harmonização do plano para determinar a área de defesa com outros instrumentos de planeamento espacial também é muito importante, o que também é regulamentado no Artigo 10 parágrafo (1) letra d que estabelece que na preparação do plano espacial nacional de área estratégica do ponto de vista dos interesses de defesa e segurança deve: a. Refere-se a: i. Plano Espacial Nacional; ii. Plano da Área de Defesa (PVE); iii. Política geral de defesa nacional; iv. Política de implementação da defesa nacional; e v. Directrizes e instruções de implementação no campo do planeamento espacial e defesa. b. Aviso: i. Ilha do Plano Espacial da Ilha de Dados; ii. Regências/cidades locais do Plano Espacial Provincial e/ou do Plano Espacial Regional; iii. Plano Nacional de Desenvolvimento a Longo Prazo; e iv.

Plano de Desenvolvimento a Prazo Intermediário Nacional. UU nº. 32 de 2009 relativo à Protecção e Gestão do Ambiente. Esta lei deve ser utilizada como referência na preparação do Plano Director para o Ordenamento do Território e Gestão Ambiental que é a base para a gestão ambiental global no IKN. Este assunto está contemplado no Artigo 14 que estipula que os instrumentos de prevenção da poluição e/ou dos danos ambientais, um dos quais é o ordenamento do território. Além disso, no Artigo 15 parágrafo (2) jo. O artigo 19 regulamenta que na preparação do Estudo Ambiental Estratégico (KLHS), o governo central e o governo local são obrigados a integrar o KLHS na área do plano espacial e nos planos detalhados. Nas disposições deste regulamento, um dos instrumentos de prevenção que está estreitamente relacionado com o espaço de governação é a Análise de Impacto Ambiental (AMDAL). O artigo 1° define AMDAL como: "estudo sobre o impacto significativo de uma empresa e/ou actividades planeadas para o ambiente necessárias para o processo de tomada de decisões sobre a implementação de empresas e/ou actividades". O artigo 22 parágrafo (2) descreve os impactos significativos com base em critérios: a. A dimensão da população que será afectada pelo negócio e/ou planos de actividade; b. A área de distribuição do impacto; c. A intensidade e duração do impacto; d. O número de outras componentes ambientais que serão afectadas; e. A natureza cumulativa do impacto; f. O impacto invertido ou não; e/ou g. Outros critérios de acordo com o desenvolvimento do conhecimento científico e da tecnologia.

O artigo 31 confirma ainda que a preparação desta AMDAL é uma referência para o governo determinar a elegibilidade ou as decisões de inelegibilidade ambiental, neste caso é necessário regulamentar especificamente que a Autoridade Nacional de Capital, a fim de proteger o ambiente, baseie as decisões de viabilidade ou inviabilidade ambiental da AMDAL que foi preparada pelo proponente e o Plano O Plano Director Nacional de Desenvolvimento de Capital compilado.

PP No. 6 de 2007 relativo à Gestão e Preparação de Planos de Gestão Florestal, e Utilização Florestal que foi alterado pela última vez pelo PP No. 3 Ano 2008 Conforme regulamentado no Artigo 22 da Lei no. 41 Ano 1999 sobre Silvicultura que estabelece que o conceito de gestão florestal é implementado no contexto da gestão de áreas florestais mais intensivas para obter maiores benefícios mais óptimos e sustentáveis, bem como a gestão florestal em mais detalhe regulada por regulamentos governamentais, bem como o Artigo 66 que estabelece que o governo central pode submeter parte da autoridade operacional ao governo local que é mais regulada por regulamentos governamentais, é necessário ver como o conceito de gestão florestal ao nível dos regulamentos governamentais que se relacionam com o conceito de vida de protecção ambiental. O artigo 3 parágrafo (1) descreve a autoridade do governo central sobre governação florestal e preparação da gestão florestal, e utilização das florestas em toda a floresta. Isto está claramente relacionado com a protecção das florestas como uma área de vida de apoio ambiental. O parágrafo (2) descreve 3 (três) funções principais da floresta, nomeadamente: a. floresta de conservação; b. floresta protegida; e c. floresta de produção. O parágrafo (3) explica que as florestas acima estão divididas em Áreas de Gestão Florestal (KPH), que fazem parte do reforço do sistema nacional de gestão florestal, governo provincial e governo distrital/cidades.Para além do governo central, o parágrafo (1) explica que as Empresas Públicas (BUMN) no domínio da silvicultura também podem efectuar a gestão florestal com base na delegação do centro governamental.Esta delegação permite aos directores das SOE estabelecer uma organização KPH e nomear um chefe da KPH, mas no parágrafo (3) prevê restrições às SOE para não efectuarem a gestão florestal que sejam autoridades públicas, nomeadamente: a. Designação e determinação das áreas florestais; b. Estabelecimento de áreas florestais; c. Empréstimo de áreas florestais; d. Intercâmbio de áreas florestais; e. Alterações no estatuto e função das áreas florestais; f. Processo e fabrico de minutos de intercâmbio, empréstimo e utilização de áreas florestais; g. Concessão de licenças de utilização florestal a terceiros sobre a gestão florestal na sua área de trabalho; h. Actividades relacionadas com investigadores funcionários públicos florestais. É importante limitar isto para fazer cumprir a autoridade do governo central como a principal autoridade na protecção das funções florestais para o ambiente, incluindo em todas as decisões importantes que possam afectar a função da própria floresta para o ambiente, tal como mencionado nos pontos

(a) a (h) acima.

Regulamento Presidencial n.º 3 de 2012 relativo ao Plano Espacial das Ilhas Kalimantan Este regulamento é uma descrição mais específica do planeamento espacial das Ilhas Kalimantan de uma forma holística que se baseia no n.º 2 do artigo 14 da Lei n.º 26 de 2007 relativa ao Planeamento Espacial, que diz O plano detalhado de ordenamento do território, tal como referido no parágrafo

(1) a letra b consiste em: h. Plano espacial para ilhas/ilhas e planos espaciais espaço estratégico nacional; i. Plano espacial de área estratégica provincial; e

j. Planeamento espacial distrital/cidades detalhado e planeamento espacial de áreas estratégicas de regência/cidades. O próprio governo central planeou que a Ilha de Kalimantan tem uma visão de planeamento espacial orientada para a preservação das funções ambientais.

Esta questão está reflectida no artigo 6 parágrafo (1) que estipula Áreas de Conservação que funcionam como florestas protegidas e vegetativas húmidas tropicais pelo menos 45% (quarenta e cinco por cento) da área da ilha de Kalimantan como os pulmões do mundo. Além disso, o planeamento da própria ilha de Bornéu está também orientado para: a. A encarnação da independência energética e do desenvolvimento do armazenamento de energia eléctrica orientada para o desenvolvimento de energia eléctrica nova e renovável e rede de transmissão de electricidade de interligação (Artigo 7 parágrafo (1)). b. A realização de um centro de mineração de minerais, carvão, petróleo e gás com desenvolvimento Área urbana nacional como centro industrial de processamento e indústria de serviços de produtos mineiros minerais, carvão, bem como petróleo e gás e desenvolvimento da área mineira com atenção à capacidade de carga e ambiente de capacidade de tamponamento (Artigo 8 parágrafo (1)). c. A encarnação de um centro de plantações de palma, borracha e produtos florestais sustentáveis, tendo em conta os princípios do desenvolvimento sustentável e do desenvolvimento da área urbana nacional como centro da indústria de transformação e dos produtos da indústria de serviços plantações de palma, borracha e produtos florestais (Artigo 9 parágrafo (1)).

d. A encarnação da zona fronteiriça do país com atenção aos aspectos de harmonia da soberania, defesa e segurança nacional, comunidade de bem-estar e sustentabilidade ambiental (Artigo 10 parágrafo (1)). As orientações políticas relacionadas com a ilha de Kalimantan com elementos que não podem ser separados da função e do objectivo do IKN como centro do governo e em prol do desenvolvimento económico equitativo podem ser apoiadas pela regulamentação das políticas de ordenamento do território e geralmente reguladas no projecto de lei relativo ao IKN e a sua determinação como instrumento nacional de área estratégica com regulamentos presidenciais. C. Legislação relacionada com o IKN Finanças e Cooperação UU n°. 17 de 2003 relativa à Lei das Finanças do Estado n.° 17 de 2003 relativa às Finanças O Estado regula as fontes de receitas para o financiamento do desenvolvimento do Governo Central. O processo e as disposições de implementação baseiam-se nesta regra.

O artigo 11 delineia que a APBN é uma forma de gestão financeira do Estado que é determinada anualmente com base na lei, para que possa ser feito o financiamento de um desenvolvimento baseado nos instrumentos estatutários da APBN deve ser promulgada. O artigo 12 explica que a APBN é preparada pela necessidade de administração do governo estatal e pela capacidade de recolher receitas estatais, guiada pelo plano de trabalho do governo, a fim de alcançar os objectivos do Estado. Para que se justifique fortemente que o financiamento da relocalização da capital pelo orçamento do Estado apoie as necessidades da administração do Estado e dos planos de trabalho do governo.

Lei n° 17 de 2003 relativa às Finanças O Estado regula claramente o processo de elaboração e determinação do orçamento do Estado. O processo começa, nos termos do Artigo 13 até ao Artigo 15, com o Governo Central a transmitir os principais pontos da política fiscal e do enquadramento macroeconómico para o próximo ano fiscal aos Representantes do Povo do Conselho ("DPR") o mais tardar em meados do mês de Maio do ano em curso. Depois o Governo Central e o DPE discutem o quadro macroeconómico e os principais pontos de política fiscal propostos pelo Governo Central na discussão preliminar do projecto de orçamento do Estado para o ano fiscal que se baseia no quadro macroeconómico e nos pontos de política fiscal, o Governo Central discute em conjunto o DPE e as prioridades orçamentais a serem utilizadas como referência para cada estado/instituição ministerial na preparação das propostas orçamentais.

Em relação à preparação do projecto de APBN, os

ministros/instituições líderes como utilizadores do orçamento/utilizadores de bens preparam planos de trabalho e orçamentos ministérios/agências para o ano seguinte.

O plano de trabalho e o orçamento é submetido ao DPE para discussão na discussão preliminar do projecto de APBN que resultou na discussão dos planos de trabalho e orçamentos é submetido ao Ministro das Finanças como material para a preparação do projecto de lei sobre o APBN para o ano seguinte. O Governo Central submete a Proposta de Lei relativa ao Orçamento de Estado, acompanhada de notas financeiras e documentos de apoio ao DPE em Agosto do ano anterior. O DPE pode apresentar propostas que resultem em alterações no número de receitas e despesas da Proposta de Lei do Orçamento do Estado, desde que as alterações não resultem num aumento do défice orçamental. A tomada de decisões pelo DPE relativamente à Proposta de Lei do Orçamento do Estado, realizada o mais tardar 2 (dois) meses antes do ano em que o orçamento relevante é executado.

Com base no Artigo 26, se o Projecto de Lei sobre APBN tiver sido aprovado e determinado por lei, então a implementação é mais elaborada com decreto presidencial. A Lei número 1 de 2004 relativa à gestão do tesouro do Estado é uma das fontes de financiamento da transferência do IKN. O artigo 1 número 10 define propriedade estatal como Estado de propriedade todos os bens adquiridos ou adquiridos por despesas da APBN ou derivados de outras aquisições legítimas. Com base no Artigo 42 o Ministro das Finanças regula a gestão dos bens do Estado. O artigo 45 regula a transferência de bens do Estado. Os bens do Estado necessários para a implementação dos deveres do Estado não são transmissíveis. A transferência de bens do Estado é efectuada através de venda, troca, doação, ou inclusão como capital próprio do governo após a obtenção da aprovação do DPE. Com base no artigo 46°, a aprovação do DPE é feita para: a. transferência de terrenos e/ou edifícios.

b. terrenos e/ou edifícios referidos na letra a Este parágrafo não inclui terrenos e/ou edifícios que 1) não esteja de acordo com a disposição espacial regional ou o planeamento urbano; 2) deva ser abolido devido ao facto de o orçamento para a substituição do edifício estar previsto na execução orçamental do documento; 3) reservado a funcionários públicos; 4) destinado ao interesse público; 5) controlado pelo Estado com base em decisões judiciais já com força de lei permanente e/ou com base em disposições estatutárias, que se o estatuto de propriedade for mantido, não valerá a pena do ponto de vista económico. Transferência de bens do Estado que não sejam terrenos e/ou edifícios com valor superior a Rp100.000.000.000.000,00 (cem mil milhões de rupias). Entretanto, a transferência de propriedade estatal que não seja terra e/ou edifícios com um valor superior a Rp10.000.000.000.000,00 (dez mil milhões de rupias) até Rp100.000.000.000.000,00 de Rp100.000.000.000,00 de Rp100.000.000.000,00 de Rp100.000.000.000,00 (cem mil milhões de rupias) é feita após receber a aprovação do Presidente.O Regulamento Governamental n.º 27 de 2014 relativo à Gestão de Propriedade Estatal/Regional O n.º 2 do artigo 3.º regula a Gestão de Países/Regiões de Propriedade, incluindo: a. Planeamento e orçamentação de necessidades; b. Aquisição; c. Utilização; d. Utilização; e. Segurança e manutenção; f. Avaliação; g. Transferência; h. Exterminação; i. Eliminação; j. Administração; e k. desenvolvimento, supervisão e controlo.

O conceito de regulamentação da BMN neste regulamento do ponto de vista do sujeito da BMN divide-se em: a. O Gestor de Propriedade é um funcionário autorizado e responsável pela definição de políticas e directrizes, bem como pela gestão da BMN/Bens de Propriedade Regional. b. O Utilizador de Bens é o funcionário que detém a autoridade de utilização da BMN/Bens de Propriedade Regional. Para maximizar a utilização da BMN, são introduzidos os seguintes conceitos (Artigo 27): Aluguer; Arrendamento; Utilização da Obra; Acordar para se render ou acordar para se render Utilização ou Cooperação na Provisão de Infra-estruturas. a. O Arrendamento na BMN é efectuado contra (Artigo 28 parágrafo (1)): 1) BMN que está no Gestor de Bens, qual? com base no Artigo 4 parágrafo (1) o que se entende por O Gestor de Bens é o Ministro das Finanças. 2) BMN que está no Utilizador de Bens, qual? com base no artigo 6 parágrafo (1) o que se entende por Utilizador de Bens é o Ministro/Chefe da Instituição como chefe do Ministério/Agência.

O artigo 29 estipula que a BMN pode ser arrendada a outras partes com um período máximo de 5 (cinco) anos e pode ser prolongada até:

1) Cooperação em infra-estruturas; 2) Actividades com características empresariais que exijam mais de 5 (cinco) anos; ou 3) Determinado em contrário na lei. O aluguer está sujeito a uma fórmula de taxa de aluguer/montante, que é determinada pelo gestor ou utilizador dos bens. Os resultados de aluguer da BMN são receitas estatais, pelo que todos devem ser depositados no país da conta geral em numerário. Cooperação na utilização O artigo 31° estipula que a cooperação na utilização de BMN é realizada com vista a: a. Optimizar a usabilidade e a utilização de BMN/Bens de Propriedade Regional; e/ou b. Aumentar as receitas estatais/receitas regionais. O artigo 33° limita a implementação da cooperação na utilização de BMN que se realiza com as seguintes disposições: 1) Não disponibilidade ou insuficiência de fundos disponíveis na APBN para fazer face aos custos operacionais, manutenção necessária, e/ou reparação contra a BMN; 2) Os parceiros de cooperação de utilização são determinados por concurso, excepto no caso da BMN, que é de natureza especial, sendo feita uma nomeação directa; 3) nomeação directa de parceiros de cooperação de utilização sobre BMN especial, como se segue: A referida acima é realizada pelo Utilizador de Bens contra Empresas do Estado que tenham determinados campos e/ou áreas de trabalho de acordo com as disposições da legislação; 4) Os parceiros da cooperação de utilização devem pagar anualmente uma contribuição fixa pelo termo de funcionamento pré-definido e partilhar os benefícios da cooperação na utilização das contas gerais do Tesouro do Estado; 5) O montante do pagamento das contribuições fixas e a distribuição dos lucros da cooperação de utilização são determinados a partir dos resultados do cálculo da equipa formada por a) Gestor de Bens, para BMN a Gestor de Bens e BMN sob a forma de terrenos e/ou edifícios e parte dos terrenos e/ou edifícios localizados no Utilizador dos Bens; b) Utilizadores de Bens e pode envolver Gestor de Bens, para BMN que não sejam terrenos e/ou edifícios localizados no Utilizador dos Bens.

A cooperação no fornecimento de infra-estruturas é levada a cabo pela qual o governo e a entidade empresarial pode tomar a forma (Artigo 39 parágrafos (1) e (2): a. Sociedade de responsabilidade limitada; b. Empresas estatais; c. Empresas regionais; e/ou d. Cooperativa. O prazo de cooperação no fornecimento de infra-estruturas é de um máximo de 50 (cinquenta) anos e pode ser prolongado (Artigo 39 parágrafo (3)).

Durante o período de vigência da infra-estrutura de cooperação de aprovisionamento, os parceiros de cooperação: 1) É proibido penhorar, penhorar, ou mover BMN que é o objecto da cooperação; 2) Obrigação de manter o objecto da cooperação e o produto da cooperação; e 3) Pode ser cobrado pela distribuição de lucros excedentes desde que haja vantagens obtidas a partir do que foi especificado no momento do início do acordo (clawback). Com base no Artigo 54, o BMN/Regional Owned Goods que não sejam necessários para a implementação dos deveres governamentais país/região é transferível.

A transferência de BMN/Regional Owned Goods a que se refere o parágrafo (1) é efectuada por: a. Venda; b. Troca; c. Subvenção; ou d. Participação no capital social do Governo Central/Regional. Artigo 55º parágrafo

(1) regulamenta também os requisitos para a aprovação do DPE para transferência de BMN para: a. terrenos e/ou edifícios; ou b. outros que não terrenos e/ou edifícios com valor superior a Rp100.000.000.000.000,00 (cem mil milhões de rupias). D. Legislação relacionada com transferências e desenvolvimento do IKN

Embora a Lei IKN não regulamente a transferência e desenvolvimento de questões técnicas do IKN, mas as disposições serão basicamente arranjadas.

Por conseguinte, a Lei IKN cruzar-se-á com várias leis e regulamentos, a partir da Lei n.º 2 de 2012 relativa à Aquisição de Terrenos para Desenvolvimento de Interesse Geral e Quadro Regulamentar em torno da Cooperação Governo e Entidades Empresariais, como o Decreto Presidencial 38 de 2015 e regulamentos de implementação ao abrigo do mesmo. UU n.º 2 de 2012 relativo à Aquisição de Terras para Desenvolvimento de Interesse Público Artigo 6 jo.

O artigo 7 estabelece o quadro básico da administração de terras para o interesse público, que é da autoridade do governo central, que deve cumprir: a. Planos espaciais; b. Planos de desenvolvimento nacional/regional; c. O plano estratégico; e d. Planos de trabalho para cada agência (instituições estatais, ministérios e agências não-ministeriais, província governamental, governo distrital/cidades, e lei estatal (BHMN)/BUMN que tenham recebido atribuição especial do governo central) que necessitem de terras. Depois pode ver-se que a aquisição de terras é realizada com um sistema de planeamento que está em harmonia com os planos outros para assegurar que a direcção da aquisição de terras se mantém no caminho de planeamento previamente estabelecido.

O artigo 10 descreve a aquisição de terrenos utilizados para desenvolvimento: a. Defesa e segurança nacional; b. Estradas públicas, vias rápidas, túneis, caminhos-de-ferro, estações ferroviárias e instalações de exploração ferroviária; c. Reservatório, barragem, açude, irrigação, canalização de água potável, esgotos e saneamento, e outras estruturas de irrigação; d. Portos, aeroportos e terminais; e. Infra-estruturas petrolíferas, de gás e geotérmicas; f. Geração, transmissão, subestação, rede e distribuição de electricidade; g. Centro de telecomunicações governamentais e redes de informação; h. Eliminação e gestão de resíduos; i. Hospitais do governo central/do governo local; j. Instalações de segurança pública;

k. Cemitério público do governo central/local; l. Equipamentos sociais, equipamentos públicos e espaços abertos públicos verdes; m. Reservas naturais e culturais; n. Escritório do governo central/governo regional/aldeia; o. Arranjo de assentamentos urbanos de favelas e/ou consolidação de terrenos, bem como habitação para a comunidade de baixo rendimento com estatuto de arrendamento; p. Infra-estruturas educativas ou escolas do governo central/local; q. Infra-estruturas desportivas do governo central/local; e r. Mercado público e parque de estacionamento público.

O artigo 10 parágrafo (1) obriga o governo central a realizar a aquisição dos tipos de designações acima cujos terrenos são subsequentemente propriedade do governo central ou local. verso (20 explica também que se a agência que requer a aquisição de terrenos para o interesse público é um BUMN, então os terrenos pertencem à SOE. Embora pareçam distintos, o Artigo 12 parágrafo (1) regulamenta que o governo central pode cooperar com o BUMN, Empresas de Propriedade Regional (BUMD), ou empresa privada, permitindo flexibilidade a opção de implementar a aquisição de terrenos utilizando o esquema de cooperação para apoiar a implementação de infra-estruturas de desenvolvimento construídas em terrenos o planeado. Lei n.º 5 de 1960 relativa aos Regulamentos de Base Agrária A implementação da concessão de direitos de propriedade fundiária é regulamentada ao abrigo das disposições do Artigo 2 que o país tem o direito de controlo que é realizado através da concessão de autoridade a: a. Regulação e administração de loteamentos, utilização, fornecimento e manutenção da terra, água e espaço;

b. Definir e gerir as relações entre a lei entre as pessoas e a terra, água e espaço;

c. Definir e gerir as relações entre a lei entre as pessoas e as leis de acção relativas à terra, água e espaço.

O direito de controlo pode ser delegado nas regiões e comunidades de direito consuetudinário que a sua designação não entre em conflito com os interesses nacionais. Assim, no essencial, o direito de controlar o país é o sopro dos direitos futuros será regulado especificamente na legislação Próximo, o chefe do escritório de terra cuja área de trabalho inclui: a localização do terreno em questão (Artigo 70), as disposições do projecto de lei precisam de explicar os direitos de gestão concedidos à Autoridade Nacional do Capital para que haja a certeza de que a protecção dos interesses nacionais foi regulada na lei Número 5 de 1960 relativa à Regulamentação de Base Árvore Agrária.

Decreto Presidencial nº 38 de 2015 relativo à Cooperação Governo com Entidades Empresariais em Infra-estruturas de Provisão Artigo 5º regula o tipo de infra-estruturas económicas e sociais que podem ser realizadas com esquemas de Cooperação Governo com Entidades Empresariais (KPBU), entre outros: a. Infra-estruturas de transporte; b. Infra-estruturas rodoviárias;

c. Recursos hídricos e infra-estruturas de irrigação; d. Infra-estruturas de água potável; e. Infra-estruturas de sistemas de gestão centralizada de águas residuais; f. Infra-estruturas de sistemas de gestão de águas residuais locais; g. Infra-estruturas de sistemas de gestão de resíduos; h. Infra-estruturas de telecomunicações e tecnologias da informação; i.

Infra-estruturas de electricidade; j. Infra-estruturas de petróleo e gás e energias renováveis; k. Infra-estruturas de conservação de energia; l. Infra-estruturas de instalações urbanas; m. Infra-estruturas de instalações educativas; n. Instalações desportivas e infra-estruturas, e artes; o. infra-estruturas regionais; p. infra-estruturas turísticas; q. infra-estruturas sanitárias;

r. infra-estruturas correccionais; e s. infra-estruturas de habitação pública.O Artigo 6 estipula que os ministros/chefes das instituições/chefes da região actuam como Gestor de Projectos de Cooperação (PJPK), bem como o Artigo 8 permite que o BUMN actue como PJPK, pelo que, no contexto do presente regulamento, pode dizer-se que as PPPs se baseiam em iniciativas que o governo/governo regional/BUMN pode levar a cabo com as configurações e limitações do tipo de infra-estruturas especificadas neste regulamento e A autoridade para actuar como PJPK está absolutamente ligada ao ministro/chefe da agência/chefe da região/BUMN, que no presente regulamento o BUMN actua como uma agência comercial em conformidade com as disposições baseadas em leis e regulamentos relativos às empresas públicas e estatutos em termos de poder técnico de execução de PPP fases.

No entanto, deve verificar-se que existem excepções técnicas no caso de ser proposta uma PPP por iniciativa da entidade empresarial, mesmo que a apresentação ao ministro/chefe da instituição/chefe da região como PJPK com base nesta regra. Regras relativas à posição de instituição estatal, Exército Nacional Indonésio, Polícia Nacional Indonésia, Embaixada de Representantes Maiores/Diplomáticos, e Organizações Internacionais A deslocalização de capitais nacionais também tem impacto na posição das instituições estatais, das Forças Armadas Nacionais Indonésias e da Polícia Nacional Indonésia domiciliada na Capital Nacional, instituições não ministeriais do governo também precisa de ser enfatizada no que diz respeito à sua posição, de modo a que o estabelecimento no projecto de lei seja significativo. A mesma clareza é também estabelecida para a posição das embaixadas/representantes diplomáticos e organizações internacionais. Artigo 5 da Lei Número 29 Anos 2007 relativa à Região Especial Governo Provincial a Capital de Jacarta como Capital do Estado Unitário a República da Indonésia declara que a DKI.Província de Jacarta tem um papel, um dos quais é como domicílio de representantes de países estrangeiros, e centro/representante de instituições internacionais, de modo que, se a embaixada for grande/representante diplomática e as organizações internacionais têm opções para mover a posição que pode ser excluída se for estritamente regulamentada de modo a mover-se também no projecto de lei. E. Leis Afectadas pela Lei IKN em Relação à Lei Omnibus

# CAPÍTULO 5
## A CAPITAL DO ESTADO DO NUSANTARA

A capital, baseada no Grande Dicionário Indonésio (KBBI), definida como a cidade onde a sede do governo está localizada um país ou local onde os elementos administrativos executivos são reunidos, legislativos e judiciais. A existência de uma capital num país torna-se geralmente um símbolo da identidade da nação que o compõe. Bartolini (2005) disse que a capital do país é uma componente significativa que descreve a identidade nacional, como a localização do poder de um país ou representa a magnitude do poder de um país, e também como um ponto focal da existência de grupos de apoio, conflito e coesão entre os grupos que compõem um país/nacional. Mãe A cidade estatal é também um centro político, tem uma função importante nos debates sobre o poder para legitimar o poder.

Rossman (2017) afirma que o conceito de "estados-nação" se está a desenvolver de novo neste momento, a julgar pelos esforços para transferir as Cidades Mãe em 40 países que ilustram quão forte é a ligação entre o estado e um sentimento de nacionalismo. Para os países desenvolvidos, especialmente no Ocidente, a existência de uma cidade capital é vista como a necessidade de disposições administrativas e de governação do Estado. Contudo, para países como a África, Ásia e América Latina, que está em processo de desenvolvimento da nação e do Estado, a existência da capital é uma questão sensível e é considerada como um reforço dos símbolos nacionais, unificando, e distribuindo equitativamente o desenvolvimento físico e económico no território de um país. A esperada capital da República da Indonésia é a capital que reflecte a identidade da nação indonésia. O país Indonésia, que tem uma população de cerca de 237 milhões de pessoas, tem uma rica herança de cerca de 1100 grupos étnicos, 700 línguas locais, 300 estilos de dança, 400 canções populares, e 23 ambientes tradicionais e animados como nação e Estado em várias diversidades e diferenças que têm funcionado bem até agora, porque se baseiam no Pancasila como base do Estado e da ideologia da nação, e são enquadrados através do Bhinneka Tunggal Ika. A identidade e carácter da nação indonésia foi inscrita pelos pais da nação com base numa longa compreensão histórica da nação do arquipélago na construção do carácter da Indonésia. No mandato da Proclamação, 17 de Agosto de 1956, Bung Karno lembrou a importância de uma nação com carácter que tenha fé nos valores da personalidade e independência da própria nação. A dimensão moral como fundamento do carácter colectivo que pode sustentar o progresso da civilização da nação é Pancasila. Quinto por favor que une o povo indonésio, é o que guia o desenvolvimento futuro da nação (Soekarno, 1958). O papel de Pancasila como uma ideologia de estado capaz de se tornar um guarda-chuva unificador para cidadãos plurais.

O significado de Bhinneka Tunggal Ika não é? interpretado apenas como representando a diversidade religiosa, mas a etnia, a língua e toda a diversidade na Indonésia. Prestar atenção à importância do aspecto simbólico do Estado através desta capital, deu origem à necessidade do desenho da República Nacional da Capital da Indonésia, que pode representar a identidade e a unidade nacional no quadro da construção da nação e do Estado; reflectir a diversidade da Indonésia; e aumentar a apreciação do Pancasila. A construção e rearranjo da Capital Nacional requer, naturalmente, um conceito maduro e baseia-se numa visão de longo prazo de uma nação. O desenvolvimento de novos capitais está geralmente associado ao desenvolvimento de questões de desenvolvimento urbano e às necessidades da nação que estão subjacentes à consideração da transferência das mães da cidade. O planeamento urbano e o paradigma de desenvolvimento só então vem como uma das considerações importantes no desenvolvimento da capital da nação num novo local. O novo paradigma de desenvolvimento urbano que se desenvolveu neste século é uma cidade moderna e sustentável. Ambos podem ter significados complementares.

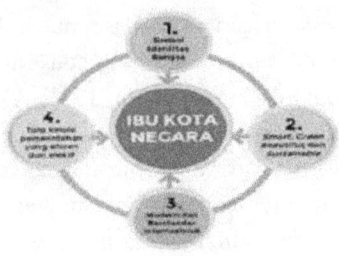

## A CAPITAL DO ESTADO DO NUSANTARA

O conceito moderno é definido por vários especialistas tais como Webber, Harrod e Domar, Rostow, Hoselitz, a Inkeles e Smith, como uma característica mais avançada, em desenvolvimento, não tradicional, bem como formas transitórias: do rural ao urbano e da agricultura à indústria. A cidade moderna é uma cidade que se desenvolveu sociologicamente mais avançada, o que encoraja os seus cidadãos a participar no desenvolvimento de formas mais modernas, globais, com um objectivo comum.

As características de uma cidade moderna (cidade moderna) são uma sociedade moderna numa cidade que tem um objectivo futuro com aqueles que pensam muito à frente (pensamento avançado), que acompanharam com esforços inovadores através da utilização da tecnologia no planeamento e gestão urbana, concepção e disposição de edifícios, bem como na superação de problemas sociais urbanos. A cidade moderna tem também as seguintes características: uma cidade planeada, mensurável em cada fase de desenvolvimento e objectivos de realização. Cidades sustentáveis O paradigma da cidade moderna está intimamente relacionado com um paradigma de cidade sustentável.

Brundtland O relatório da sessão da ONU de 1987 define o desenvolvimento sustentável como um processo de desenvolvimento que o princípio de satisfazer as necessidades do presente sem comprometer as necessidades das gerações futuras. Cidades sustentáveis também definidas como uma cidade que é concebida, construída e gerida para satisfazer as necessidades dos residentes da cidade a partir de um aspecto ambiental, social, económico, sem ameaçar a sustentabilidade do ambiente natural, construído e social do sistema (Comissão Europeia, 1996). Agenda de desenvolvimento urbano e assentamentos nos ODS, visando criar áreas urbanas e assentamentos que sejam inclusivos, seguros, resilientes e sustentáveis até 2030. Os ODS para o desenvolvimento urbano sustentável, incluindo o desenvolvimento de habitação, dão prioridade ao transporte público, aos assentamentos, à protecção do património natural e cultural, à mitigação e à melhoria da adaptação contra desastres, à construção de um ambiente urbano limpo, e à construção de espaços públicos seguros, inclusivos e acessíveis.Nova Agenda Urbana (NUA), é uma agenda urbana que complementa os Objectivos de Desenvolvimento Sustentável (ODS), é um acordo de cidades no mundo que visa criar cidades e assentamentos que proporcionem igualdade de direitos e oportunidades, promovam a inclusão e garantam que todos os residentes sem discriminação possam ocupar e criar cidades e assentamentos que sejam justos, seguros, saudáveis, acessíveis, acessíveis, sustentáveis e sustentáveis.

A Nova Agenda Urbana concentra-se em (1) Desenvolvimento Urbano Sustentável Para a Coesão Social, Inclusiva e Acabar com a Pobreza através do fornecimento de habitação, água potável e tratamento de resíduos e espaços públicos; (2) Apoio ao Crescimento Económico e Oportunidades das Cidades Melhoria Inclusiva e Sustentável do Bem-Estar Social através de transportes integrados e integrados, electricidade e telecomunicações tecnológicas, energias renováveis, e (3) Desenvolvimento de um ambiente sustentável e de cidades resilientes através de espaços verdes abertos que tenham resistência a catástrofes, gestão dos recursos hídricos, resíduos e ecologia e longo prazo, serviço e utilização de energias renováveis em infra-estruturas, assentamentos, industriais e comerciais, bem como desenvolvimento tecnológico para apoiar todos eles

No Plano de Desenvolvimento a Médio Prazo (RPJMN) Em 2015-2019, a direcção política é muito clara para construir uma cidade sustentável e competitiva, com cinco das suas principais políticas, nomeadamente (1) a realização do Sistema Urbano Nacional (SPN), com uma nova área metropolitana fora de Java impulsionada como centro de crescimento ao serviço da Região da Indonésia Oriental, e a área metropolitana existente para se tornar um centro global; (2) Aceleração do cumprimento do Padrão de Serviços Urbanos (SPP) para cidades seguras, confortáveis e habitáveis, fornecendo infra-estruturas básicas, económicas, de saúde e educação, habitação e transportes públicos; (3) incorporação de uma cidade verde que seja resistente ao clima e às catástrofes, com planeamento espacial, fornecimento de infra-estruturas com o conceito de verde e resistente; (4) desenvolvimento inteligente da cidade que seja competitiva, baseada na tecnologia e na cultura local; e (5) desenvolvimento de capacidades para a governação da cidade.com uma missão de desenvolvimento a necessidade de reduzir a desigualdade e distribuição igualitária da produção Java, a nova capital como um dos novos centros de crescimento deverá levar a cabo a missão como a cidade do futuro sustentável.

Cidade de Classe Internacional Juntamente com o desenvolvimento do paradigma da cidade moderna e sustentável, a globalização também mostrou a existência de paradigma de cidades mundiais a desenvolverem-se em cidades de classe internacional. Cidade de classe internacional é uma cidade que possui infra-estruturas com padrões globais e está ligada a outras cidades do mundo que são centros de negócios, cultura, tecnologia, e política a nível global. A cidade de classe internacional é uma cidade que tem um papel significativo no mundo internacional, pelo que as cidades de outros países têm um desejo de se ligarem a ela.enquanto a capital é de classe internacional em geral inclui infra-estruturas de transporte, parques e espaços abertos ou parques florestais urbanos, actividades culturais, atracções turísticas, monumentos históricos e museus, hotéis e alojamento de classe internacional, o conforto de uma cidade que a sustentabilidade, a acessibilidade do "custo de vida", infra-estruturas e eventos desportivos internacionais, centros de convenções e exposições de classe internacional, e outros. A participação da Indonésia em organizações internacionais e regionais, tais como membros de várias organizações das Nações Unidas, membro do G-20, membro da Cooperação Económica dos Países Asiáticos do Pacífico (APEC), membro da Organização de Cooperação Islâmica (OIC), e ASEAN; e a participação activa da Indonésia em vários acordos e conferências internacionais e regionais, exigindo que a Indonésia tenha uma cidade capital que esteja sempre pronta para organizar vários eventos internacionais. Imagem da concepção de edifícios para a capital do Arquipélago da República da Indonésia

# CAPÍTULO 6

## O PRINCÍPIO DA CAPITAL DO NUSANTARA

O Plano Director do IKN é uma referência para o ordenamento do território e planeia sectorial para que se torne uma unidade de planeamento abrangente e integrada. O Plano Director do IKN como anexo à Lei da Capital do Estado inclui 4 capítulos, nomeadamente: a. Capítulo 1 Introdução Este capítulo consiste nos antecedentes, objectivos e metas da preparação do Plano Principal IKN, bem como no âmbito e substância da área. b. Capítulo 2 Visão, Objectivos e Princípios Básicos da Capital Nacional Este capítulo consiste numa explicação dos fundamentos para o desenvolvimento do IKN, visão e metas de desenvolvimento do IKN, bem como o princípio dos indicadores de desempenho para académicos (keg IKN indicadores de desempenho (KPI). c. Capítulo 3 Princípios Básicos de Desenvolvimento do Capital do Estado Este capítulo discute os princípios básicos de vários aspectos ou campos o desenvolvimento do Capital Nacional que inclui a área do sector de desenvolvimento, economia, recursos sociais e humanos (RH), terra, ambiente, infra-estruturas, transferência de funcionários públicos estatais (ASN), representantes de países estrangeiros (PNA)/organizações internacionais (OI), bem como defesa e segurança. d. Capítulo 4 Plano das Fases de Desenvolvimento e Plano de Financiamento da Capital Cidade do País Este capítulo é uma explicação das cinco fases de desenvolvimento do IKN (Fase 1, 2022-202a; Fase 2, 2025-2029; Fase 3, 2030-2034; Fase 4, 2035-2039; e Fase 5,2040-2045), bem como o plano de financiamento do IKN Com referência à visão e objectivo principais, o desenvolvimento da Capital Cidade de Nusantara a longo prazo baseia-se em oito princípios, nomeadamente 1. Concepção de acordo com as condições naturais, incluindo a priorização da protecção das áreas e do espaço verde. 2. Criação de harmonia e singularidade no quadro de Pancasila e Unidade em Unidade no Estado Unitário da República da Indonésia. 3. Perceber a facilidade de acesso e tempo de viagem, bem como dar prioridade à mobilidade activa da população. 4. Realizar cidades com eficiência energética, utilizando energias renováveis, e com baixas emissões de carbono. 5. Criar cidades que sejam seguras, confortáveis e acessíveis a todos A população inclui crianças, mulheres, idosos e pessoas com deficiência. Criar uma cidade eficaz e eficiente com base tecnológica para apoiar a governação governamental, as actividades económicas e as actividades dos seus habitantes. Criar cidades com oportunidades económicas para todos, a realização de um elevado rendimento per capita, e um fosso económico. Estes princípios servem de directrizes para políticas e estratégias de desenvolvimento e gestão a longo prazo da Capital do Arquipélago está de acordo com a dinâmica social, cultural e económica. Este princípio torna-se então a base Desenvolvimento de indicadores-chave de desempenho (KPI) como referências para o progresso e o sucesso do desenvolvimento da Capital do Arquipélago e, ao mesmo tempo, como uma tomada de decisão de referência na gestão da Capital do Arquipélago. Figura 2-2O tema é baseado nos Princípios da Capital do Estado KPTOs temas que são compilados com base nos princípios KPI do IKN formam a base da fixação de metas para cada tema. Um total de 24 objectivos Kpl - com três objectivos derivados por princípio - desenvolvidos de acordo com os temas que foram organizados. A fixação de objectivos é feita combinando perspectivas de baixo para cima, de cima para baixo, e compromisso governamental. Considerando o calendário e as fases necessárias para construir uma cidade nova, o planeamento é feito a um nível diferente de detalhe para escalar uma área diferente. O desenvolvimento KIpp é dirigido ao plano de desenvolvimento mais detalhado quando comparado com a região, a área total do IKN é de aproximadamente 2s6,142 hectares que inclui KIKN e KPIKN' para assegurar a realização da visão IKN, as metas KPI são descritas em diferentes escalas regionais incluindo KPIKN, KIKN, e KIpp. O desenvolvimento da área IKN e os três conceitos urbanos não podem ser libertados das cidades parceiras em torno de outras IKN e não funcionarão sem o apoio das cidades circundantes. Assim, a aplicação do IKN como cidade florestal, cidade esponja, e cidade inteligente deve colocar o trabalho em primeiro lugar em harmonia com as cidades parceiras circundantes.4.1 Forest City lForest City lForest

Cltgl IKN está localizada em áreas florestais e em redor e possui elevada biodiversidade. A aplicação do conceito de cidade florestal na IKN não refloresta o regresso às cidades que foram construídas através do fornecimento de espaços verdes abertos (RTH). Esta definição ainda se refere a várias coisas ou características que foram desenvolvidas, tais como o domínio da vegetação florestal e a extensa cobertura arbórea, porque ainda é relevante para as condições e necessidades do desenvolvimento do IKN. Por conseguinte, a definição de uma cidade florestal está mais de acordo com o plano de desenvolvimento, as novas cidades na Região IKN são as seguintes: "Cidades florestais que utilizam uma abordagem integrada da paisagem é uma cidade que é dominada por uma floresta estruturada em paisagem ou um espaço aberto verde que tem a função de serviços do ecossistema, tais como florestas, e visa criar vida lado a lado com a natureza". Dentro do conceito de desenvolvimento, a cidade florestal será concebida em conformidade com as condições naturais para criar vida lado a lado com a natureza, com o objectivo de apoiar o desenvolvimento sustentável, em particular a maximização do sequestro de carbono e a conservação da biodiversidade, bem como o apoio à gestão ambiental para melhorar a qualidade do ambiente. O princípio de uma cidade florestal é uma cidade que pode manter funções ecológicas de desenvolvimento florestal e tqiuan noutros conceitos de cidade florestal, tais como sequestro de carbono, conservação da biodiversidade, e gestão ambiental para melhorar a qualidade ambiental. O Ministério do Ambiente e Florestas (KLHK) em 2019 formulou vários princípios de cidade florestal para o planeamento da cidade capital candidata País como uma recomendação dos resultados da Avaliação Ambiental Estratégica (KLHS) Avaliação Rápida. Esse princípio inclui: a. baseado na gestão da bacia hidrográfica (DAS); b. ter uma rede estruturada de espaços verdes; c. utilizar cerca de 50% da área para o desenvolvimento; d. consumir água deve ser altamente eficiente; e. o ónus de satisfazer o consumo da população é baixo; f. ter boa qualidade do ar e temperatura média do ar frio; g. ter boa qualidade da água superficial; h. proteger os habitats animais; e i. ter uma boa qualidade de cobertura do solo e paisagem revitalizada "Floresta tropical tropical" Alguns dos princípios da cidade florestal para a área IKN são aproximadamente 56. 180 hectares são os seguintes:Princípio 1. Conservação dos Recursos Naturais e Habitats Animais O desenvolvimento urbano deve minimizar os danos aos ecossistemas naturais existentes ou pode manter esses ecossistemas naturais (incluindo habitats). para animais ou plantas) e assegurar a sustentabilidade das florestas, protegendo ou restaurando os ecossistemas florestais para a melhoria da qualidade ambiental. Com o estado da IKN, a maioria dos quais são terrenos situados numa área florestal, é necessário criar uma cidade construída dentro das florestas para garantir que a IKN ainda possa apoiar o papel de Kalimantan como os pulmões do mundo. Princípio 2. Ligar-se à Natureza Basicamente, este princípio procura criar um desenvolvimento urbano que possa acomodar a interacção humana com a natureza ou estar ligado à natureza (ligado à natureza e à floresta dentro e à volta da cidade.

Este princípio pode ser aplicado através do fornecimento de espaço verde aberto em áreas urbanas, incluindo o corredor verde. Ligado à natureza pode também ser realizado pelo domínio da paisagem sob a forma de vegetação verde entre edifícios, nomeadamente a zona verde para recreio e vida integrados. Prlnslp 3. Baixo Desenvolvimento Este princípio destina-se a apoiar as políticas nacionais relativas à redução das emissões de gases com efeito de estufa e à maximização do papel do espaço aberto verde ou das florestas no sequestro de carbono, bem como a melhorar a qualidade do ar deve ser apoiada a partir da utilização de energias novas e renováveis. Princípio 4. Holístico, Integrado, e Gestão dos Recursos Hídricos n O princípio da gestão dos recursos hídricos enfatiza princípios holísticos, integrados e sustentáveis. A gestão dos recursos hídricos deve ser baseada em dois princípios principais. Primeiro, as bacias hidrográficas (DAS) e as fontes A água precisa de ser mantida e conservada para manter a quantidade e qualidade da água. Segundo, a afectação dos recursos hídricos deve prestar atenção à necessidade de conservação do ambiente, especialmente para apoiar a sustentabilidade da vegetação e economia das necessidades sociais, considerando o equilíbrio hídrico numa única bacia hidrográfica. Princípio 5. Desenvolvimento

Controlado lAntt-Spraul DernlopmenQ A área IKN é uma região que possui um ecossistema sensível, pelo que é necessário um controlo durante a construção. Os assentamentos compactos de aplicação de desenvolvimento podem reduzir a dependência de veículos pessoais e podem proporcionar protecção às áreas parceiras da IKN, regiões verdes, e captação de água, incluindo evitar o desenvolvimento de assentamentos em zonas propensas a catástrofes e proporcionar melhor acesso às instalações e serviços da cidade. Construção da rota tlija.u (greenbeltl yarrg) em redor da cidade implementada para limitar a expansão urbana, especialmente as que se encontram no centro de localização para a biodiversidade (biodiuersitg lrctspotl, bem como para manter a capacidade de carga e a qualidade ambiental. Princípio 5. O envolvimento comunitário As florestas e o ambiente proporcionam benefícios consideráveis ao público. A sustentabilidade das florestas e do ambiente é muito dependente de actividades levadas a cabo pelo Homem ou pela sociedade. Adoptar a sabedoria que as comunidades locais aplicam na utilização dos recursos florestais também pode ser uma representação da identidade nacional. Além disso, moldar o envolvimento da comunidade para apoiar a criação de uma cidade florestal é levado a cabo envolvendo o cidadão comunitário florestal, bom na plantação de árvores, bem como na gestão e monitorização de árvores em áreas urbanas. A.2 lSponge Cttgll Sponge City conceitos e elementos são amplamente aplicados no IKN, especialmente para restaurar o ciclo natural da água que mudou devido ao desenvolvimento. A aplicação deste conceito proporcionará benefícios para a colheita de água, disponibilidade adicional de água e redução dos riscos de inundação, benefícios para a purificação da água e preservação ecológica, eficiência do sistema de recursos, bem como benefícios recreativos para a sociedade. A cidade esponjosa refere-se a uma cidade que age como uma esponja capaz de evitar que a água da chuva caia directamente nos canais de drenagem e que pode aumentar a infiltração no solo para que se possa reduzir a inundação perigosa e aumentar a qualidade e quantidade de água através da filtração do solo e do armazenamento no solo (aquífero). Para apoiar isto, o IKN está planeado com:Espaços abertos amplos, uniformemente distribuídos, verdes e azuis, ligados num único sistema hidrológico para reter e armazenar água e melhorar a qualidade dos ecossistemas urbanos e da biodiversidade, criando assim espaços culturais e recreativos confortáveis; concepção de instalações urbanas, tais como telhados verde-esverdeados em microescala em edifícios e estruturas para reter a água da chuva antes de ser absorvida pelo solo ou antes de ser escoada para a drenagem do rio e dos rios; e concepção de instalações urbanas em macro escala, tais como a implementação de estradas e pavimentos porosos, bioslides, e sistemas bi-retentivos para reter/absorver rapidamente a água da chuva, facilitando assim o movimento suave e seguro de veículos e pessoas.Os princípios e exemplos da implementação de cidades esponjosas na área IKN são: como se segue: Princípio 1. Redução de Pe O conceito de desenvolvimento do IKN assegura que não existe área de escoamento superficial adicional em resultado do aumento da área do ambiente construído, tais como a construção de novos edifícios, estradas, calçadas, e alterações na utilização de outros terrenos. O ambiente natural será mais capaz de resistir e absorver a água da chuva para o solo. O desenvolvimento da área IKN garante Alterações no escoamento ocorrem ao mínimo e são feitos esforços para a conter mais água quando o IKN tiver sido construído. A abordagem adoptada para reduzir o escoamento superficial é: segurando a água a partir da escala do assentamento (casas e edifícios).edifícios de modo a não entrar directamente no canal de drenagem. O método Isto é feito através da recolha da água da chuva à escala das casas, edifícios e área a ser reutilizada ou absorvida no solo, por exemplo através de um roofiop verde, um tanque de armazenamento de água da chuva que é água de escape (permeável), bem como outros projectos urbanos que são sensíveis à água. Princípio 2, Maximizar a Infiltração do Fluxo de Chuva A área IKN foi construída para poder absorver ao máximo a água da chuva no solo. Isto pode ser feito com a construção de um espaço verde aberto que é generalizado e uniformemente distribuído e pode funcionar como um jardim pluvial. Além disso, o pavimento também pode ser modificado para que possa absorver bem a água. Um exemplo é a aplicação de estradas e calçadas porosas que permitem a absorção rápida da água da chuva. Pavimento realizado a um mínimo, incluindo a aplicação de tecnologia de bioretenção e bioengenharia.

Princípio 3. Colheita do fluxo da chuva Espaços abertos azuis, tais como valas, canais fluviais, reservatórios de água, são concebidos de forma a constituírem uma unidade hidrológica. O seu objectivo é reter e armazenar água e melhorar a qualidade e diversidade biológica dos ecossistemas urbanos. Esta concepção começará a partir da escala da área residencial (retenção pequena) até à escala da área da cidade (reservatório). A.3 Cidades Inteligentes lSmart Cltgll O conceito de cidade inteligente tem sido considerado como um elemento global ao enfatizar o desenvolvimento da IKN como uma nova capital dinâmica da Indonésia, inclusiva, apoiada pela comunidade, e pronta para o futuro. O componente de cidade inteligente neste Plano Director do IKN identifica elementos digitais ou valor acrescentado tecnológico para proporcionar maiores benefícios sobre o IKN como um todo. O Plano Director da IKN concentra-se em três áreas principais para apoiar a visão da IKN, nomeadamente: a. Estratégia da Cidade Inteligente IKN Um quadro para compreender que tipo de resultados se procuram alcançar e como as tecnologias de perturbação podem ser aplicadas para o alcançar. A estratégia da cidade inteligente consiste em 3 elementos principais, nomeadamente:l) visão e resultados alinhados com o quadro estratégico abrangente IKN; 2) territórios e estratégias inteligentes que resumem as principais oportunidades digitais para IKN; e 3) uma longa lista de iniciativas inteligentes que fornecem uma vasta gama de possibilidades de desenvolvimento actualizadas. b. Iniciativas inteligentes que devem ser priorizadas pela IKN As seguintes são iniciativas inteligentes que devem ser priorizadas na IKN: 1) acesso e mobilidade; 2) ambiente e clima; 3) segurança e protecção; 4) sector público; 5) sistemas urbanos; e 6) habitabilidade e dinâmica.

# CAPÍTULO 7
## PRINCÍPIOS BÁSICOS DO DESENVOLVIMENTO ECONÓMICO NA CAPITAL DO NUSANTARA

Crescimento económico mais inclusivo e equitativo através da aceleração do desenvolvimento da Região Oriental da Indonésia alavancado pelo desenvolvimento IKN como um superclube económico (sendo o superclube económico um dos factores principais o sucesso na realização da Visão 2045 da Indonésia. O conceito do superclube IKN foi concebido para funcionar a três níveis que estão inter-relacionados e integrados na visão. Reimaginou a Indonésia: Locallg Integrated, Globally Connected, Uniuersall Inspired.Vision Locallg Integrated or integrated domestically it is interpreted that the economic superhub IKN will change the face the Indonesia's economy to become more inclusive through the three cities strategy (IKN, Balikpapan, and Samarinda) as well as cooperation with districtts/cities in East Kalimantan Province, which is to become an economic driver in East Kalimantan as well as being a trigger that strengthens the value chain domestically in the eastern region and throughout Indonesia. Yisi Globallg Connected, ou globalmente conectado, é o superhub económico IKN que impulsionará a actividade económica e altamente competitiva de modo a colocar a Indonésia numa posição mais estratégica no caminho do comércio mundial, fluxos de investimento, e inovação tecnológica. Ao realizar o conceito de três cidades sólidas, IKN, Balikpapan, e Samarinda, formará um triângulo de desenvolvimento económico mútuo completo. IKN será o "nervo na estratégia de Tiga Kota como centro do novo governo e centro de inovação verde para servir de base a novos sectores impulsionados pela inovação, tais como biosimilares e vacinas, proteínas vegetais, nutracêuticas, e novas energias renováveis (EBT). A IKN tornar-se-á também a base para a Cidade Inteligente e serviços digitais, educação do século XXI, bem como turismo urbano, de negócios, e de saúde. Samarinda será o "coração" da estrutura Tiga Kota que transforma a exploração mineira, petróleo e gás num novo sector energético sustentável e com baixo teor de carbono, esperando-se também que Samarinda beneficie do aumento das actividades turísticas na região de Kalimantan Oriental. Balikpapan será o "músculo" do desenvolvimento económico das Cidades de Tiga, utilizando o centro logístico e os seus serviços de entrega estabelecidos para as importações e exportações dos sectores orientados, bem como reforçando o papel do superhub económico nos fluxos comerciais inter- e intra-regionais. Balikpapan irá também acomodar clusters petroquímicos e ajudar a impulsionar a diversificação de produtos a partir do petróleo e gás a montante para vários derivados petroquímicos a jusante. Espera-se também que o superpólo económico IKN proporcione benefícios económicos que são grandes para a vasta área parceira de Kalimantan Oriental, bem como desempenhará o papel de "pulmão" para a estrutura das Três Cidades. Como parceiros IKN, espera-se também que a região alargada de Kalimantan Oriental beneficie do aumento das actividades de ecoturismo e bem-estar, especialmente em torno dos abundantes recursos naturais e culturais do Norte de Kalimantan, bem como apoiando as indústrias a jusante na agricultura através da produção e processamento a montante de óleo de palma e outros potenciais produtos de base. Yi.si IKN Economic Superhub será realizado através do desenvolvimento de 6 clusters uma economia estratégica, resiliente, e inovadora apoiada por uma base sólida e robusta sob a forma de infra-estruturas duras e suaves.6 clusters de desenvolvimento baseiam-se no aumento da competitividade dos sectores existentes que se desenvolvem em Kalimantan Oriental, bem como na introdução de sectores avançados, orientados para a alta tecnologia e sustentáveis. Os seis pólos económicos de desenvolvimento principal (1 time mouet) ir,i estão ainda mais reduzidos a vários subsectores que ajudarão a concretizar a visão. superhub económico.sexto Os principais pólos económicos impulsionadores são os seguintes: a. Cluster da Indústria de Tecnologia Limpa com a missão de fornecer produtos que apoiem a mobilidade e serviços públicos amigos do ambiente. Desenvolvimento Este sector está centrado na indústria de tecnologia limpa para a mobilidade e utilidades mais amigas do ambiente, nomeadamente a montagem de painéis solares (Solar P\ e veículos eléctricos de duas rodas ou electrificados de duas rodas

(E2Wl.b. Desenvolvimento centrado na produção de medicamentos genéricos, biosimilares, ingredientes activos (APIs), e biólogos para satisfazer as crescentes necessidades internas e reforçar a resiliência nacional contra crises sanitárias. c, Sustainable Agriculture Industry Cluster com a missão de desenvolver um centro para a produção e inovação alimentar sustentável e baseada em plantas Seja receptivo às futuras tendências de saúde/equipamento. O seu desenvolvimento centra-se nas proteínas vegetais, ervas e nutrição, bem como nos produtos extractos de plantas. d, Inclusive Ecotourism Cluster com a missão de desenvolver destinos de classe mundial baseados em ecoturismo e turismo de bem-estar com uma identidade global única para Kalimantan Oriental.O desenvolvimento do ecoturismo será também apoiado pelo turismo urbano, reuniões, incentivos, conferências, exposições (MICE), bem como pelo turismo de saúde e bem-estar. Espera-se também que o superhub económico IKN proporcione benefícios económicos que são grandes para toda a área parceira de Kalimantan Oriental, assim como desempenhará o papel de "pulmão" para a estrutura das Três Cidades. Como parceiros IKN, espera-se também que a região alargada de Kalimantan Oriental beneficie do aumento do ecoturismo e das actividades de bem-estar, especialmente em torno dos abundantes recursos naturais e culturais do norte de Kalimantan, bem como do apoio às indústrias a jusante na agricultura através da produção e processamento a montante de óleo de palma e outros potenciais produtos de base.Yi.si IKN Economic Superhub será realizado através do desenvolvimento de 6 clusters uma economia estratégica, resiliente e inovadora apoiada por uma base sólida e robusta sob a forma de infra-estruturas duras e suaves. Os 6 clusters de desenvolvimento baseiam-se no aumento da competitividade dos sectores existentes que se desenvolvem em Kalimantan Oriental, bem como na introdução de sectores avançados, orientados para a alta tecnologia e sustentáveis. Os seis pólos económicos de desenvolvimento principal (1 time mouet) ir,i estão ainda mais reduzidos a vários subsectores que ajudarão a concretizar a visão. superhub económico. Sexto Os principais pólos económicos impulsionadores são os seguintes: a. Cluster da Indústria de Tecnologia Limpa com a missão de fornecer produtos que apoiem a mobilidade e os serviços públicos amigos do ambiente. Desenvolvimento Este sector está centrado na indústria de tecnologia limpa para a mobilidade e serviços públicos mais amigos do ambiente, nomeadamente a montagem de painéis solares (Solar P\ e veículos eléctricos de duas rodas ou electrificados de duas rodas (E2Wl. b. Desenvolvimento centrado na produção de medicamentos genéricos, biosimilares, ingredientes activos (APIs) e biológicos para satisfazer as crescentes necessidades domésticas e reforçar a resiliência nacional contra crises sanitárias. c, Sustainable Agriculture Industry Cluster com a missão de desenvolver um centro de produção e inovação alimentar sustentável e baseado em plantas Seja receptivo às futuras tendências de saúde/equipamento. O seu desenvolvimento centra-se nas proteínas vegetais, ervas e nutrição, bem como nos produtos extractos de plantas. Inclusive o Ecoturismo Cluster com a missão de desenvolver destinos de classe mundial baseados no ecoturismo e no turismo de bem-estar com uma identidade global única para Kalimantan Oriental. O desenvolvimento do ecoturismo será também apoiado pelo turismo urbano, reuniões, incentivos, conferências, exposições (MICE), bem como pelo turismo de saúde e fitness.

C. REPÚBLICA PRESIDENTE DA INDONÉSIA

Derivados com a missão de construir um centro de desenvolvimento de produtos químicos e derivados químicos para o sector tem o potencial de ter uma procura elevada e criar empregos através da exploração dos recursos naturais em Kalimantan Oriental. O desenvolvimento focalizado apoiou os oleoquímicos de média a alta. no desenvolvimento da indústria petroquímica e no fornecimento de 16 dragões de trabalho qualificados f. com a missão de transformar a indústria energética existente em Kalimantan Oriental, desenvolvendo a produção de energia com baixo teor de carbono como fonte de energia no futuro, tais como biocombustíveis, combustíveis sintéticos, e gaseificação do carvão.Os seis clusters económicos impulsionadores serão também reforçados por dois dinamizadores ou capacitadores, nomeadamente o Cluster Educativo do Século XXI para fornecer uma mão-de-obra qualificada de acordo com as necessidades de 6 clusters económicos, bem como implementar cidades inteligentes e centros industriais 4.0 (i4,0) para tornar esta área como uma cidade habitável e avançada ao serviço da sociedade e do mundo empresarial no futuro. No período 2025-2035, o desenvolvimento dos clusters económicos centra-se na construção de uma base sólida para cada cluster económico. Uma série de projectos emblemáticos de cada cluster económico será cuidadosamente seleccionada para ajudar a acelerar o desenvolvimento do superhub económico. O desenvolvimento destes projectos emblemáticos envolverá investimentos substanciais provenientes de dentro e fora do país. O apoio governamental pode ser fornecido para acelerar a retirada de investimentos centrados em: a. fornecimento de um sistema avançado de educação e formação para fornecer à força de trabalho competências que correspondam às necessidades do cluster a economia a ser desenvolvida; b. desenvolvimento de ecossistemas de tecnologia digital sob a forma de infra-estruturas e tecnologia de informação de talentos; c. câmaras de ensaios regulamentares (caixa de areia regulamentar ou testbedl pró-investimento, pró-inovação que permite novos negócios de produtos, tecnologia, e ensaios de modelos, pró-comércio para apoiar a eficiência da cadeia de fornecimento clusters económicos e pró-ambientais; e d. Podem ser concedidos incentivos fiscais e não fiscais para aumentar a atractividade do investimento e o talento superior, entre outros relacionados com tributação, apoio à relocalização, instalações e infra-estruturas habitáveis na cidade, acesso a terrenos e habitação económica, facilidade de licenciamento, facilidade de aquisição de bens e serviços, facilidade de exportação e importação, apoio à criação de mercado para novos produtos produzidos por novos clusters económicos, e outros, etc. O Sistema de Cooperação entre Governo e Entidades Empresariais (PPP). Vários serão fornecidos para ajudar a reduzir o risco de investimento de alto capex para alguns dos projectos emblemáticos a serem desenvolvidos. Espera-se também que estes vários incentivos apoiem a KIKN como uma cidade e um centro económico super-hub, competitivo e com grande atractivo para os talentos superiores, especialmente entre as gerações jovens, para vir, estabelecer se e trabalhar ou abrir um negócio na KIKN e impulsionar o desenvolvimento de clusters económicos na KIKN e na província de Kalimantan Oriental de uma forma sustentável.

# CAPÍTULO 8

# PRINCÍPIOS BÁSICOS DE DESENVOLVIMENTO SOCIAL E GESTÃO DE RECURSOS HUMANOS

Os princípios básicos do desenvolvimento social no desenvolvimento da IKN tomam a visão de uma cidade de classe mundial para todos como um princípio fundamental, para que estes ideais aconteçam, o conceito de desenvolvimento da IKN toma uma base teórica filosófica a nação indonésia, nomeadamente Pancasila, que foi então incorporada no design físico. O princípio filosófico está associado aos princípios IKN KPIs.

## C.1 Princípios Básicos de Desenvolvimento Social

Os princípios básicos do desenvolvimento social têm os principais objectivos e resultados que são os Principais Objectivos e Resultados da Estratégia Social Os princípios básicos do desenvolvimento social reconhecem a diversidade das comunidades, tanto residentes locais como recém-chegados, que estarão ligados à IKN. Assim, a sociedade, seja feminina ou masculina, que vive actualmente no local IKN e nas suas imediações não será excluída do planeamento e desenvolvimento urbano e beneficiará do desenvolvimento do IKN e dará uma valiosa contribuição ao IKN, por exemplo, desde a partilha da sabedoria local à formação do IKN como um "lugar, especial". Os recém-chegados ao IKN beneficiarão também de estratégias sociais e princípios de planeamento desenvolvidos, particularmente nas fases de construção, desenvolvimento, e crescimento das cidades. No princípio do desenvolvimento social, a parte afectada calculou com base no nível de influência e na fase de desenvolvimento da IKN. Com base no nível de influência, a comunidade pode sentir o impacto directo se o plano de desenvolvimento ou o corredor do desenvolvimento proposto estiver localizado num assentamento ou numa área terrestre a sua fonte de subsistência. Além disso, podem também sentir o impacto indirecto devido a actividades de construção, alterações de preços a necessidade de bens e serviços, ou actividades de desenvolvimento realizadas em locais de elevado valor social, cultural, histórico, ou educacional. As comunidades afectadas pelos planos de construção e infra-estruturas na Fase 1, nomeadamente o período dos primeiros anos de transferência do IKN, têm necessidades mais urgentes e requerem uma estratégia de aquisição e relocalização de terras para reassentamento. Além disso, considerando a influência do IKN como um todo nas fases seguintes, existe o potencial de mudanças na sociedade, tanto aquelas que se manifestam por mudanças nos meios de subsistência como as deslocações físicas para assentamentos dentro da área IKN que podem ser desenvolvidas. Quanto à comunidade no KIKN que não é directamente afectada, participará no desenvolvimento económico e esforçar-se-á por melhorar o bem-estar. Além disso, a participação activa da comunidade focalizada e sustentável é importante para apoiar conjuntamente o plano de desenvolvimento do IKN e assegurar a sobrevivência da população local. Os seguintes quatro grupos comunitários são identificados como susceptíveis de serem afectados: a. comunidades em KIKN que serão directamente afectadas pelo desenvolvimento na Primeira Fase de desenvolvimento; b. comunidades em KIKN cujas terras não são directamente afectadas pelo desenvolvimento na Primeira Fase de desenvolvimento; c. a comunidade dentro e fora da KPIKN; e d. comunidades fora dos limites da área de delimitação da área IKN. Cada grupo tem uma diversidade interna que necessita de atenção. Por conseguinte, as actividades de envolvimento comunitário precisam de ser realizadas regularmente de forma contínua e ajustada conforme necessário para assegurar estratégias sociais que sejam inclusivas e tragam benefícios à comunidade e ao IKN.O desenvolvimento económico contido no Plano Director do IKN é importante para a realização da coesão social e do IKN inclusivo. Actualmente, estratégia O desenvolvimento económico desenvolveu-se para moldar os valores sociais existentes, construindo competências comunitárias, e permitindo que as comunidades locais se tornem uma parte forte do desenvolvimento económico da IKN no futuro. Por outro lado, a diversidade de origens da população local, constituída por povos indígenas e imigrantes, na Província de Kalimantan Oriental apresenta um desafio à parte para a IKN. A IKN precisa de prestar atenção à população local precisa de melhorar as suas competências ou nível de educação para que possa participar activamente no desenvolvimento do sector económico da IKN. Tal como o desenvolvimento do sector económico IKN, muitos postos de trabalho serão abertos a todas as camadas da população. Oportunidades de emprego inclusivas e podem optimizar as oportunidades económicas dos residentes locais. Os clusters formados a partir do sector económico IKN podem encorajar oportunidades de emprego e aumentar o rendimento dos residentes locais. Entre estes clusters, existem dois clusters que já estão ligados à população local e que têm uma participação bastante elevada. O primeiro é o cluster do ecoturismo e do turismo de saúde/envelhecimento. Os empregos criados a partir do desenvolvimento do cluster, entre outras coisas, são: a. empresários e guias turísticos juntamente com guias de vida selvagem, guardas florestais, e ecoturismo comunitário e cultural; b. artesãos, empresários e trabalhadores em lojas de presentes locais, e organizadores de oficinas de artesanato; c. empregadores e trabalhadores em centros de saúde/wellness, spas locais, clínicas de beleza, e cura tradicional; d. empresários, gestores e trabalhadores nos campos do alojamento e culinária; e. empresários e trabalhadores no agro-ecoturismo, cooperativas agrícolas, e mercados agrícolas; e f. empregadores e trabalhadores no comércio a retalho, alimentação e bebidas, e artes e entretenimento.o segundo cluster é o cluster da indústria agrícola sustentável, especialmente para extractos de plantas e produtos herbáceos. Este cluster é redireccionado para aumentar o valor acrescentado dos produtos agrícolas produzidos pelos residentes locais e criar empregos a partir do processamento a jusante de produtos agrícolas. Empregos criados a partir do desenvolvimento de agregados Estes, por exemplo, são para extractos de plantas: a. agricultores de extractos de plantas; b. trabalhadores de plantação, colheita, secagem e produção; c. colectores de produtos selvagens; d. empresários, gestores, e trabalhadores no fabrico de produtos agrícolas tradicionais locais; e. grandes e pequenos comerciantes; e f. empresários e trabalhadores de embalagem e comercialização. Fora dos sectores que já estão envolvidos na população local, a estratégia de desenvolvimento da capacidade global e melhoria de competências esforçou-se por assegurar oportunidades de emprego inclusivas e equitativas. Espera-se também que a IKN possa explorar o potencial de reforço do ensino técnico e educativo e de formação profissional a preços acessíveis para a comunidade, a fim de assegurar a acessibilidade e a inclusividade, especialmente para os membros menos afortunados da sociedade, sem empregados, idosos, com necessidades especiais, ou analfabetos.

A estratégia sócio-espacial serve de guia para apoiar a igualdade de acesso a instalações e espaços públicos. A estratégia liga a comunidade um e outros com o património cultural das comunidades existentes e em formação identidade IKN com a comunidade que é provável que surja mais tarde. A implementação desta estratégia requer uma forte integração entre actividades de planeamento espacial, desenvolvimento económico, e comunicação para a IKN. O envolvimento da comunidade sustentável, a identificação das principais partes interessadas, e os diversos representantes da comunidade serão críticos para o sucesso da IKN, bem como para formar um plano espacial da IKN. A estratégia sócio-espacial fornece um quadro para a elaboração de desenhos detalhados em colaboração com a comunidade. É feita para assegurar as necessidades e a representação adequada do público existente e emergente. Este vai ser um processo sustentável. A coesão social está também fortemente relacionada com a aquisição de terrenos para a IKN e actividades relacionadas com a aquisição de terrenos. A aquisição de terras é obrigatória em conformidade com as normas especificadas em vigor na Indonésia, com base nas regras e políticas ou normas estabelecidas pela organização de direito internacional destinadas a facilitar a protecção social.

Recomenda-se também que a revitalização e disposição das áreas residenciais das comunidades locais considere as ligações com os meios de subsistência e a ligação ao património histórico e cultural da comunidade existente.

2 Recursos Humanos

A saúde não é definida apenas como fisicamente saudável e livre de doenças, mas também mentalmente, socialmente e espiritualmente como um todo permite a todos viverem vidas social e economicamente produtivas. A Organização Mundial de Saúde (OMS) afirma também que a saúde é um dos direitos humanos (HAM) que todos, independentemente da etnia, religião, opiniões políticas, crenças, e condições socioeconómicas, devem obter e ter acesso a ela. Por outras palavras, condições saudáveis e adequadas permitem aos residentes continuar as suas actividades e produtivas, tanto no ambiente mais pequeno como na sociedade. População Uma cidade saudável é um elemento importante na formação de uma cidade saudável, ao mesmo tempo que uma cidade saudável. A julgar pelos riscos de saúde baseados em dados existentes, a área de Regency Kutai Kartanegara é susceptível a doenças transmitidas por vectores animais, tais como malária, dengue, filariose, zika, e chikungunya. Entretanto, North Penajam Paser Regency é uma das regiões com maior endemia de malária na Indonésia com incidência anual de parasitas (APll cerca de 6,53 por 1000 pessoas em 2021. Além disso, as infecções das vias respiratórias superiores (IRA), febre tifóide e dengue são também frequentemente encontradas na região North Penajam Paser Regency. O número de actividades de abate de árvores, especialmente em áreas florestais, geralmente deixam poças e tornam-se terreno de reprodução para o mosquito transmissor da malária Anophples balabacensis. Outro desafio, é a prevalência crescente de doenças não transmissíveis (PIM), incluindo AVC, doenças cardíacas, cancro, e diabetes são as principais causas do peso da doença (morte e incapacidade). A maioria dos eventos de PIM deve-se a estilos de vida pouco saudáveis, tais como falta de actividade física e padrões de consumo pouco saudáveis. Condições semelhantes ocorrem também na província de Kalimantan Oriental, o que é demonstrado pela proporção ainda elevada de doenças não transmissíveis, em comparação com as doenças transmissíveis. Com base nestas condições, a intervenção nos esforços curativos não pode reduzir de forma óptima o fardo da doença, de modo que a concepção de esforços promocionais e de vida saudável preventiva para reduzir o fardo da doença (infecciosa e não transmissível) e o fardo do financiamento dos serviços de saúde devido à doença. Os princípios básicos de uma cidade saudável (healthg cifg) são desenvolvidos com referência à definição de saúde baseada na OMS e na Lei n.º 36 2009 relativa à Saúde. Além disso, o desenvolvimento de uma cidade saudável refere-se também a: a. Modelo de Cidades Saudáveis da OMS Uma cidade saudável é uma cidade que proporciona benefícios para as pessoas e para o planeta, o que encoraja a participação activa dos seus cidadãos para que se realize prosperidade e paz.A OMS define uma cidade saudável em seis categorias: paz, planeta, lugar, pessoas, participação e prosperidade. Para além da OMS, o Ministério da Saúde também define cidades ou distritos saudáveis como uma cidade limpa, confortável, segura e saudável para os seus cidadãos viverem. b. Estratégia das Cidades Saudáveis de Cardiff Cardiff desenvolveu um modelo de cidade saudável baseado no Nehaork Europeu das Cidades Saudáveis da OMS. O modelo está estruturado de que uma cidade saudável não só conduz à realização à escala da cidade, mas também como uma forma de encarnação de outros esforços à escala global. Este modelo centra-se em várias coisas principais, tais como o ambiente apoiando-se mutuamente, estilo de vida saudável, e concepção de cidades saudáveis. Estratégia de Cidades Saudáveis de Vancouver Esta estratégia baseia-se no conceito de Uma Cidade Saudável para Todos: uma cidade onde todos continuam a esforçar-se por melhorar a condição da cidade que proporciona aos seus cidadãos a oportunidade de gozar de um elevado nível de saúde e bem-estar tão elevado quanto possível. Para que isto aconteça, Vancouver enfatizou três aspectos principais de uma cidade saudável, ou seja, cidadãos saudáveis (pessoas saudáveis), comunidade saudável (comunidades saudáveis) e ambiente saudável (enuironmentl.Entire Este aspecto de uma cidade saudável pode ser satisfeito não só a partir do sector da saúde, mas precisa de ser a principal corrente no desenvolvimento de cidades saudáveis de outros sectores. Eliminação Os princípios básicos da educação no KIKN como um todo serão dirigidos ao conceito de educação do século 2L que está alinhado com a visão da educação no KIKN, nomeadamente construir o melhor ecossistema educacional para satisfazer as necessidades do futuro do talento no cluster económico, bem como ser um modelo para fornecedores de educação elevados e elevar o nível de vida.Direcção de planeamento, conceito e estratégia A educação no

KIKN baseia-se em várias considerações: a. as intervenções a nível vocacional são essenciais para satisfazer os talentos necessários do novo cluster económico devido a cerca de 60yo dai. a projecção do emprego em 2045 será vocacional; b. importante para aumentar a disponibilidade de mais educação terciária nos campos da ciência, tecnologia, engenharia e matemática (STEM) e gestão para apoiar o crescimento e as necessidades de inovação em futuros clusters económicos; e a educação K-12 de alta qualidade sendo um critério chave para atrair o interesse em deslocar cidadãos nacionais e estrangeiros, bem como sendo um pré-requisito necessário deve estar no IKN.Seis clusters económicos pioneiros deverão criar maiores oportunidades de emprego para a população local a sua capacidade ("uplift" não induzido) em grande número na IKN e na Província de Kalimantan Oriental em 2045, nomeadamente a indústria de tecnologia limpa, indústria farmacêutica integrada, agricultura sustentável, ecoturismo, produtos químicos e derivados químicos, bem como energia com baixo teor de carbono. Ao estimar as características actuais de fornecimento de talentos na IKN e em Kalimantan Oriental, o ecossistema é o melhor da educação na classe, concebido para fornecer um fornecimento estável de talentos fiáveis e resistentes no futuro. A IKN precisa de melhorar a educação do sector como um todo para continuar a satisfazer as necessidades de todos os clusters (tanto os clusters novos como os já existentes). Alguns dos focos que precisam de ser considerados em todos os níveis de educação na IKN são os seguintes: a. A nível vocacional, a IKN está concentrada em melhorar o currículo escolar Escolas Secundárias Vocacionais e faculdades para incluir áreas de especialização que são mais relevantes para as exigências do novo cluster e estabelecer parcerias com instituições vocacionais líderes locais ou estrangeiras para introduzir faculdades mais especializadas para sectores como o turismo e o agronegócio. A nível terciário, a IKN está concentrada em estabelecer parcerias com universidades de topo relacionadas com a STEM para oferecer educação direccionada e também explorar universidades multi-universitárias de classe mundial à IKN. Além disso, existem várias estratégias que podem ser levadas a cabo como um passo para o desenvolvimento das instituições de ensino superior existentes, que é o seguinte: 1) As instituições terciárias existentes através da expansão da capacidade são dirigidas para satisfazer a necessidade de recursos humanos altamente qualificados nos 6 principais pólos económicos impulsionadores. A expansão da capacidade das instituições terciárias existentes pode ser feita através de adições alternativas à infra-estrutura do ensino superior existente e programas de estudo alternativos fora do campus principal (PSDKU). 3) Reforço do enfoque dos programas de estudo nas instituições terciárias existentes alinhados com o potencial superior da região de Kalimantan e que necessitam da indústria - o ensino superior como referência com base na indústria de excelência (CoE). 4) A criação de uma universidade estrangeira (PTA) na Indonésia pode ser uma oportunidade para o desenvolvimento da cooperação institucional no quadro do aumento da capacidade institucional das instituições de ensino superior. O PIA de qualidade institucional que será construído na Indonésia será uma referência para as universidades nacionais para a melhoria da qualidade estandardizada internacional. 5) Expansão de redes entre instituições, entre pessoal académico para aumentar a exposição internacional (oportunidades de investigação, publicações, e inovação). 6) Os programas de estudo PTA devem ser dirigidos a campos científicos estratégicos que têm potencial como factor de alavanca para a ciência e tecnologia e para a competitividade da Indonésia. Tudo isto deve ser apoiado por uma forte base K-12 para construir sobre uma formidável força de trabalho futura equipada com competências do século XXI.

3EMPREGOAMENTO

O desenvolvimento do sector do emprego é caracterizado por dois indicadores principais, nomeadamente a criação de emprego e a taxa de desemprego aberta. O desenvolvimento do processo IKN está planeado para ser o principal motor, bem como um factor alavancas no desenvolvimento do emprego. Os passos tomados são: a. detalhes dos requisitos de mão-de-obra; b. detalhes dos tipos de formação necessários; c. o investimento necessário em formação; d. recolha de dados de potenciais trabalhadores das comunidades locais que necessitam de formação; e e. utilização de instrumentos de coordenação de trabalho entre as partes interessadas na área.Nas fases iniciais da construção do IKN, a criação de emprego será totalmente baseada no sector da construção. A necessidade de financiamento e de recursos para apoiar o sector da construção encorajá-lo-á a investir na região de Kalimantan e arredores, o que aumentará as rodas económicas. Nas fases iniciais da construção do IKN, prevê-se que o trabalho de criação de campo se baseie em sectores como a construção (75%), governo (20%), e serviços de apoio (5%). A médio e longo prazo, a transferência do IKN será uma fonte de novo crescimento económico e tornar-se-á um motor económico para a ilha de Kalimantan e arredores.

Os sectores económicos com vantagens comparativas e competitivas desenvolvidos na IKN serão uma alavanca de crescimento económico, de criação de emprego, e podem reduzir o fosso. A criação de novos empregos devido a serviços de desenvolvimento sectorial e sectores económicos com elevado valor acrescentado criará oportunidades de emprego adequadas, e pode reduzir a desigualdade entre grupos de rendimento. Um indicador do sucesso do desenvolvimento é o nível de inclusividade, neste caso a participação do papel da comunidade local como actor principal do desenvolvimento. No contexto do desenvolvimento da IKN, a população local da comunidade não só como espectadores mas também como actores principais. A estratégia para envolver os trabalhadores das comunidades locais pode ser feita a partir do mapeamento das características da mão-de-obra local, mapeamento das quotas de afirmação da mão-de-obra local, e formação da mão-de-obra local sob a forma de debriefing skills skilling e reskilling de transferência de competências. Para melhorar os conhecimentos especializados e/ou permitir à comunidade local ganhar novos conhecimentos especializados a fim de poder contribuir para o desenvolvimento do IKN, então a transformação da formação em postos de trabalho de salão (BLK) em torno do IKN é um dos factores importantes no emprego da comunidade local.

# CAPÍTULO 9

## PRINCÍPIOS BÁSICOS DAS AQUISIÇÕES AGRÍCOLAS E PROCESSAMENTO

O fornecimento de terrenos para o desenvolvimento do IKN é efectuado através de um mecanismo de renúncia de áreas florestais e mecanismos de aquisição de terrenos. Para a libertação da área florestal, que será libertada é a floresta de plantação industrial (HTI) em áreas florestais cuja função foi alterada para florestas de produção convertidas (HPK) para que possa ser utilizada para o desenvolvimento do IKN, solicitada para libertação ao Ministério do Ambiente e Silvicultura. Nas fases iniciais, a localização para a construção do IKN foi priorizada em terras que não existiam propriedade e controlo da terra, de modo a minimizar a potencial deslocalização de residentes locais ou a provisão de compensação em espécie outros. Contudo, se for exigido que a construção do IKN esteja num local onde haja propriedade ou controlo de terrenos, será um processo de aquisição de terrenos. A aquisição de terrenos é realizada por mecanismo de aquisição de terrenos, conforme estipulado nas leis e regulamentos no campo da aquisição de terrenos para fins de desenvolvimento público ou aquisição directa de terrenos. A aquisição de terrenos para desenvolvimento no interesse público O desenvolvimento do IKN refere-se à Lei Número 2 Tatrun 2012 relativa à Aquisição de Terrenos para Desenvolvimento no Interesse Público, Lei Número 11 Ano 2020 relativa à Criação de Emprego (alterando parte da substância da Lei Número 2 ano 2021.Regulamento do Governo Número 19 Ano 2021 relativo à Implementação da Aquisição de Terras para o Desenvolvimento de Interesse Público, e Regulamento do Ministro dos Assuntos Agrários e do Ordenamento do Território/Chefe da Agência Nacional de Terras Número 19 de 2021 relativo às Disposições para a Implementação do Regulamento do Governo Número 19 de 2021.

Aquisição de terrenos em conformidade com os regulamentos estatutários tendo em conta o princípio da precaução, proporcionando uma compensação adequada e, por deliberação justa, a forma de compensação como consequência do processo de aquisição de terrenos, fases e tempo de conclusão mensurável.

Se houver objecções da parte com direito a possuir ou controlar o terreno, então a compensação será depositada em tribunal (consignação) para que a aquisição do terreno seja efectuada e a construção possa continuar a andar. Para que a aquisição do terreno seja efectuada imediatamente, a KIL y.g. efectua a construção em locais na área do IKN actuando como agência que necessita de terreno, antes do estabelecimento da Autoridade do IKN. As fases de aquisição de terrenos na área do IKN, de acordo com as disposições da legislação, são as seguintes: Para além da aquisição de terrenos para desenvolvimento no interesse público, a aquisição de terrenos na área do IKN também pode ser feita através da aquisição directa de terrenos (business-to-business), tais como compra e venda, subvenções, alienação voluntária, ou outras formas acordadas.Após a aquisição de terrenos, a Autoridade IKN tem autoridade para gerir a área do IKN e tem direitos de gestão sobre os terrenos, de acordo com a legislação de disposições regulamentares do Ministério dos Assuntos Agrários e do Ordenamento do Território/África Nacional. A concessão de direitos de gestão é efectuada por: prestar atenção aos direitos fundiários comunitários e ao costume dos direitos fundiários comunitários. Para além dos direitos de gestão, podem ser concedidos direitos de terra a pessoas individuais e a outras partes com acordos em conformidade com as disposições regulamentares. No IKN, são impostas restrições à transferência de direitos de terra. restrições a transferência de direitos de terra é realizada pela comunidade obrigatória que transferirá a propriedade das suas terras localizadas na área IKN para primeiro obter aprovação da autoridade IKN antes de tomar medidas para transferir direitos de terra para outras partes e o processo de compra e venda é administrado pelo Ministério dos Assuntos Agrários e do Ordenamento do Território/Agência Nacional de Terras. Tais restrições não se destinam a eliminar os direitos civis de propriedade da terra. Na área IKN, a Autoridade IKN tem o direito de ser priorizada como a terra do primeiro comprador a ser vendida na área IKN. Os planos de desenvolvimento IKN que têm em conta os princípios básicos da sobrevivência ambiental são indicados pela integração entre as projecções da população no Plano Principal IKN e os resultados da análise da Capacidade de Transporte e Capacidade da Vida Ambiental (DDDTLH) no Estudo Ambiental Estratégico (KLHS). Todos os dados, análises e conceitos de planos do Plano Principal IKN são verificados em conformidade com o DDDTLH no documento KLHS. Elemento do Plano Os principais IKN que devem ser verificados são (1) planeamento espacial; (2) projecções populacionais; (3) biodiversidade; (4) segurança alimentar; (5) infra-estrutura hídrica; (6) infra-estrutura energética; e (7) infra-estrutura de resíduos. A aplicação dos princípios ambientais no Plano Director IKN leva à integração de corredores de ecossistemas regionalmente na área IKN para assegurar a preservação da riqueza da biodiversidade no IKN apropriado com a estratégia listada no Documento KLHS do Plano Director IKN. Por conseguinte, o desenvolvimento ambiental está centrado na manutenção de ecossistemas e biodiversidade, bem como na restauração de sistemas de redes verdes e azuis. Terras ecologicamente sensíveis, cadeias de animais e florestas, importantes para a extinção de espécies ameaçadas ou criticamente ameaçadas, são protegidas como um componente crítico para a construção da estrutura urbana e determina uma identidade única para a IKN.

Que terras podem ser desenvolvidas é proposto de modo a não perturbar estas terras e uma série de KPIs foram definidos para apoiar plenamente o conceito de cidade florestal. Para alcançar o KPI IKN, nomeadamente 65 por cento das áreas verdes naturais, a atribuição de áreas verdes que têm valor de uso para os residentes, como o ecoturismo e o espaço público, pode ser uma fonte de valor económico e recreativo. Para assegurar que nenhum desenvolvimento adicional na área IKN esteja de acordo com o plano e para evitar um crescimento populacional demasiado elevado, a utilização do espaço baseia-se na Área do Plano Espacial e no Plano Espacial Detalhado. Esforços para preservar a natureza, restaurar ex-áreas de mineração, apoiar a segurança alimentar, e apoiar sistemas de infra-estruturas que sejam eficientes, concebidos para proporcionar benefícios directos aos residentes IKN de modo a assegurar a viabilidade da vida da população e respeitar os limites do ambiente natural. Utilização da produção alimentar local cumprida pela estratégia de segurança alimentar da IKN em linha com a estratégia IKN, incluindo a produção alimentar baseada na economia circular.

## PRINCÍPIOS BÁSICOS DO DESENVOLVIMENTO DE INFRA-ESTRUTURAS

A habitação desempenha um papel importante no bem-estar das zonas urbanas da sociedade, como por exemplo no apoio ao crescimento económico. A habitação pode atrair investimento e fazer crescer a economia urbana com um efeito multiplicador Muito grande. Ao colocar o sector habitacional como o epicentro do desenvolvimento urbano, o desenvolvimento habitacional na área IKN não só construindo unidades habitacionais, mas também construindo habitações, permanece dentro de um quadro holístico.Ao realizar o KPI 6 (seguro e acessível), o desenvolvimento habitacional precisa de assegurar que toda a população tenha acesso ao tipo de habitação diversa através da implementação de um esquema de ocupação equilibrado (1:2:3) e de acordo com as necessidades e enfatizar a acessibilidade dos preços para vários grupos de rendimento da sociedade, responder à fixação do local diferentes residências, e reduzir as operações gerais associadas à habitação compacta e ao acesso a infra-estruturas críticas em 2045. Os esforços para realizar o KPI 6 (seguro e acessível) estão em linha com os esforços para atingir o KPI 2 (Unidade na Diversidade) que integrará toda a população, tanto os residentes locais como os imigrantes. Por conseguinte, o desenvolvimento da habitação deve ter em conta a dimensão social. A habitação na área IKN é encorajada de modo a não criar áreas urbanas que se transformam num lugar exclusivo, mas que permanecem um lugar da sociedade para obter a maior oportunidade possível para todas as pessoas (inclusive). Com a abertura destas oportunidades, a oferta de habitação de acesso dará prioridade ao ser humano e ao cumprimento dos direitos humanos no desenvolvimento urbano sustentável: o direito à vida decente, o direito a serviços básicos, o direito à saúde, e o direito à privacidade. O conceito de habitação existente, que geralmente assume a forma de um único edifício, não está de acordo com a direcção de desenvolvimento da área IKN para se tornar "Cidade 10 Minutos". Por conseguinte, as necessidades e instalações de habitação serão modificadas através da combinação de vários serviços num único edifício com atenção às normas de conforto aplicáveis e proporcionar habitação sob a forma de apartamentos ou apartamentos, com a devida observância de normas mínimas para cada requisito, tais como posição e número de membros do agregado familiar. Alguns dos pressupostos que formam a base do desenvolvimento da habitação são os seguintes: a. O desenvolvimento da habitação consiste em alojamento para o aparelho civil do Estado e alojamento para funcionários públicos não estatais (público em geral). Entretanto, o fornecimento de habitação comunitária utilizará mecanismos de mercado fornecidos por promotores privados de acordo com os processos empresariais existentes no mercado de habitação local e apoiados por um sistema de financiamento de habitação eficiente. A construção do sistema de habitação pública Qtublic que consiste em habitação alugada e habitação própria com recursos limitados de direitos, tanto primários como secundários, são regulados e geridos pelo gestor de habitação e assentamentos (gestão de património sob a autoridade do IKN, quer para o aparelho civil estatal de habitação, quer para a sociedade civil de habitação não habitacional (público em geral). O conceito de desenvolvimento habitacional segue o plano de funções espaciais, áreas de funções mistas, e demografia heterogénea no IKN referido sobre a criação de múltiplas actividades e funções dentro de uma área do ambiente construído (enuironmenf construído). A demografia heterogénea refere-se à mistura da população de criação com base em características como idade, ocupação, rendimento, etnia e raça. O desenvolvimento da habitação também aplica o conceito de vida transformadora, inclusive através da mudança da perspectiva de viver em terra de forma mais eficaz e eficiente, das seguintes formas: 1) Viver numa habitação vertical irá criar uma habitação com densidade ideal. O desafio reside na manutenção das relações sociais necessárias pode ser respondido através da concepção residencial. 2) Vivendo numa área compacta todas as necessidades são servidas e podem ser rapidamente acessíveis e fáceis de alcançar. 3) Aplicar tecnologia inteligente na vida para melhorar o conforto dos ocupantes enquanto se aplicam os princípios da vida sustentável. Estas três coisas terão implicações positivas na disponibilidade de espaços abertos ao público ou ao ambiente em geral, se comparados com as condições actuais nas grandes cidades. d. Alojamento para funcionários públicos do estado com especificações residenciais orientadas para o conforto e duplo como abrigo e local de trabalho. A disponibilização de alojamento oficial para funcionários públicos do Estado / Exército Nacional da Indonésia / Polícia Nacional da República da Indonésia presta atenção ao processo de transição dos funcionários e suas famílias, especialmente nos primeiros 5 anos. Na fase inicial de construção de habitações para o aparelho civil do Exército do Estado 1 A Polícia Nacional da Indonésia / Polícia Nacional da República da Indonésia começará em 2022 até 2024. O desenvolvimento do tamanho da unidade é encorajado por seguir os múltiplos módulos da unidade plana no desenho básico concebido pelo Ministério das Obras Públicas e Habitação Pública para aumentar a utilização eficiente do espaço. A Infra-estrutura de Lixo IKN visa que 100% dos resíduos sejam tratados e processados de modo a que possam ser transferidos da gestão tradicional de resíduos. Os resíduos são segregados na fonte e recolhidos através de várias formas de processamento centralizado. A IKN adoptará uma estratégia de projecção conservadora de 5% dos resíduos não orgânicos serão imediatamente depositados no aterro. Facilitar a reciclagem de resíduos como principal foco do sistema de gestão de resíduos será reduzir o volume de resíduos que é depositado em aterros (TPA), prolongando assim a vida útil do aterro, bem como reduzir o uso do solo para o novo TPA juntamente com perturbações e aspectos ambientais. Além disso, os produtos reciclados podem ser utilizados como matéria-prima para produzir novos produtos. O centro de processamento de resíduos é colocado numa área de desenvolvimento para a realização de sinergias económicas, reduzindo os custos de transporte e de operação, e proporcionar controlo sobre questões ambientais. A estação de transferência de lixo será localizada em cada região para facilitar a recolha e transferência de resíduos. Está prevista a construção de instalações de resíduos sólidos fora da área de ambiente restrito (área interdita para evitar impactos na flora e fauna sensíveis, bem como áreas de alto valor de conservação. Dado o elevado risco de contaminação dos resíduos das instalações, é necessária uma Análise de Impacto Ambiental (AMDAL) antes da construção para minimizar o impacto causado pelo centro de gestão de resíduos para o ambiente e o seu entorno. Além disso, são também necessárias investigações de campo mais específicas para determinar a adequação do local ao aterro. Gestão de águas residuais Para atingir o KPI de 100% de gestão de águas residuais até 2035, os resíduos de água são tratados centralmente numa estação de tratamento de águas residuais. O tratamento de águas residuais da instalação formará um sistema duplo para servir também as indústrias e assentamentos fora do IKN. Eleição A tecnologia adequada de gestão de águas residuais depende de uma série de factores físicos e não-físicos. A tecnologia mais apropriada é a que fornece o nível de serviço e ambiente socialmente mais aceitável ao menor custo. Recomenda-se um sistema duplo para servir o IKN, centralizando os sistemas de tratamento na área do nexus para reduzir a distância entre os esgotos das fontes de água e os locais de processamento, de modo a reduzir o comprimento da conduta necessária. No final, este sistema de gestão produzirá uma rede com um sistema de gravidade. Entretanto, as águas residuais serão tratadas e recicladas para tratamento de água (não para consumo). Além disso, o sistema de condutas de esgotos é concebido como um sistema separado com drenagem. A estratégia de gestão de águas residuais proposta visa 60% de reciclagem das águas residuais geradas em 2045 é concebida de acordo com a visão IKN como uma cidade com uma economia circular e resiliente. A geração de águas residuais é gerada por todos os utilizadores de água com um sistema de saneamento a fluir através da rede de águas residuais urbanas. A principal estratégia de tratamento de águas residuais refere-se aos componentes de um Sistema de Tratamento de Águas Residuais Domésticas Locais (SPALD-S) e de um Sistema de Tratamento de Águas Residuais Domésticas Centralizadas (SPALD-T) de acordo com os regulamentos aplicáveis. A gestão dos recursos hídricos urbanos visa proporcionar acesso seguro a água potável fiável, sistemas de saneamento adequados, protecção das fontes de água contra a poluição, e redução do risco de inundação num sistema integrado de gestão de água. Esta estratégia aplicará o princípio da esponja da cidade (sponge gu.na integra redes azul e verde, de modo a proporcionar conveniência e benefícios para a saúde dos residentes da IKN. É necessária uma estratégia de gestão integrada da água para servir a IKN para satisfazer as necessidades e constrangimentos de desenvolvimento que serão enfrentados pelo desenvolvimento da IKN. Uma abordagem de gestão integrada da água que combine a gestão do uso da água, o escoamento das águas pluviais, e o tratamento de águas residuais, adoptando uma abordagem integrada entre os sistemas de gestão da água tradicionalmente. O objectivo é aumentar o poder de eficiência dos recursos como um todo com cuidadosa consideração na sua utilização, bem como a sua contribuição para o sistema ecológico de uma forma constante, respeitando as fronteiras naturais. O principal resultado é utilizar a gestão da água para proporcionar um acesso seguro e fiável à água potável, um saneamento eficaz, e proteger os cursos de água da poluição.

Três elementos têm de ser utilizados no desenvolvimento da sustentabilidade da gestão da água na área IKN incluem (i) resiliência, nomeadamente o sistema de água pode adaptar-se ao clima e ao crescimento futuro e reduzir os riscos e vulnerabilidades; (ii) eficiência, o nível de serviço é plenamente alcançado através do equilíbrio entre a procura e a capacidade e com os investimentos feitos adequadamente; e (iii) qualidade, nomeadamente a sociedade da saúde e o ambiente são protegidos. O sistema de irrigação IKN inclui a utilização de sistemas naturais, tais como florestas, planícies aluviais, arborização e terras, geralmente conhecidos como infra-estruturas verdes, para contribuir para um fornecimento fiável de água potável, bem como para proporcionar protecção contra inundações e secas. Instalações U Em geral, o desenvolvimento de instalações públicas e instalações sociais utiliza os princípios da escala de serviço, realização a pé, e integração com a área. Estes princípios visam aumentar a eficácia dos equipamentos públicos e sociais para a população que serve. Quanto aos edifícios de instalações partilhadas têm princípios gerais de concepção que incluem: a. acessibilidade; b. conectividade;

c. infra-estruturas verdes; d. gestão; e. segurança; e f. resposta a desastres. Juntamente com o aumento da população, o número de instalações públicas e necessidades sociais também precisa de ser acrescentado a partir do que foi calculado para as condições actuais. Assumindo a necessidade de instalações utilizadas para determinar o número de necessidades de instalações, nomeadamente: a. Foram feitos ajustamentos para criar mais eficiência na utilização do terreno, por exemplo combinando funções de serviço público e administração num edifício, são os seguintes: i. Serviço Público e Governo.O escritório da unidade comunitária (RW) é combinado com uma sala polivalente e bibliotecas para permitir a eficácia do terreno e assegurar que a instalação seja acessível a pé a partir da área residencial. O escritório do sub-distrito combinado com uma sala polivalente para permitir a eficácia do terreno e assegurar que a instalação seja acessível a pé a partir da massa secundária do centro de transporte. 3) O escritório distrital é combinado com uma sala polivalente para permitir a eficácia do terreno e assegurar que a instalação seja acessível a 10 minutos a pé a partir da massa principal do centro de transporte. 4) Estimativa das necessidades de terreno para esta combinação de instalações assumida com base no coeficiente básico de construção (KDB) com a altura do edifício. 5) A polícia e os bombeiros são separados da combinação das funções de serviço público e de governo devido ao carácter de serviço de saúde 1) Os serviços de saúde são separados da combinação das funções de serviço público e de governo devido ao carácter do seu ministério. Esta questão foi tomada para reduzir o risco de propagação da doença a outras instalações de serviço e aos seus utentes. 2) As instalações mencionadas acima devem estar ao alcance de 10 minutos a pé de uma paragem de transporte público. 3) As instalações mencionadas acima são sugeridas para serem colocadas junto a espaços públicos abertos e instalações religiosas, de acordo com a escala do serviço. 4) Serviços de Saúde Primários (Puskesmas, Clínicas Primárias), Serviços de Referência (Hospitais), e Laboratórios de Saúde. O número de necessidades é baseado no número de distritos, a relação com a população e as características regionais. Mapeamento Este requisito também tem em conta as necessidades energéticas saúde, que será responsável pelas instalações de saúde, bem como seguir padrões de transição demográfica e epidemiológica. b) Os hospitais são desenvolvidos de acordo com padrões internacionais e têm um serviço excelente e tornam-se o centro de desenvolvimento dos serviços de saúde tradicionais. c) Especificamente para os laboratórios de saúde, prestar atenção ao cumprimento das normas de nível de biossegurança. d) As instalações acima mencionadas são sugeridas para serem colocadas adjacentes a espaços abertos públicos e instalações religião, de acordo com a escala do ministério.instalações educacionais 1) O terreno necessário para a escola refere-se aos regulamentos aplicáveis. 2) Cálculo das necessidades de terrenos utilizando a necessidade de dois ou mais andares de edifícios para todos os tipos de escolas, com o objectivo de reduzir as necessidades de terrenos. 3) A Escola Secundária é constituída pelas principais universidades e outras escolas secundárias. 4) O número de estudantes e trabalhadores nas principais universidades segue as necessidades de desenvolvimento e faseamento do IKN. 5) O número de estudantes em instituições terciárias, incluindo as politécnicas e outras universidades, supõe-se que até 16 por cento da população com idades compreendidas entre os 19-25 anos que continua a sua educação para a faculdade. b. A validação da distribuição das principais instalações públicas (jardins de infância, escolas secundárias e clínicas) está dentro de um raio de viagem de 10 minutos de mobilidade activa. d. A área de retalho (mercado de pessoas ou mercado tradicional) é calculada utilizando padrões nacionais. Entretanto, as instalações públicas e as instalações sociais no KIPP estão divididas em quatro categorias, nomeadamente: a. As instalações públicas e as instalações sociais à escala de parcelas são instalações públicas e serviços sociais que têm uma escala de serviço inferior a 15.000 pessoas, podem ser alcançadas a pé durante 5 minutos, bem como integradas no edifício que se encontra numa área semi-pública. b. Infra-estruturas públicas à escala Sub-Sub-BWP/Kelurahan e instalações sociais à escala Sub-Sub-BWP/kelurahan são instalações públicas e sociais que têm uma escala de serviço entre 15.000 almas e 30.000 almas, podem ser alcançadas por mobilidade activa durante 10 minutos, e estão localizadas num centro público distrital.escala Sub-BWP Instalações

públicas e instalações sociais na escala Sub- BWP são instalações públicas e instalações sociais que têm uma escala de serviço entre 30.000 e 200.000 almas, podem ser alcançadas por mobilidade activa durante 20 minutos, bem como localizadas no centro da área pública. d. escala KIPP Instalações públicas e instalações sociais na escala KIPP são instalações públicas e que têm uma escala de serviço de mais de 200.000 pessoas, podem ser alcançadas por mobilidade activa durante 20 minutos, bem como localizadas no centro da área pública. A sua existência está localizada numa área urbana com boas realizações e pode ser. marcos urbanos. Para além das quatro categorias acima, instalações especialmente dedicadas como apoio ao desempenho do IKN no KIPP são instalações de artes culturais sociais, instalações religiosas à escala nacional, instalações diplomáticas, instalações educacionais e de investigação, bem como instalações de apoio a cidades inteligentes. A mobilidade transformadora e integrada centrada na qualidade de vida pode ser utilizada como um motor económico chave e factor diferenciador do IKN, através do fornecimento de lugares e redes bem conectados, acessíveis, resilientes e orientados para o futuro. Entretanto, o princípio básico de fornecer transporte é concebido para satisfazer todos os KPIs relacionados com o princípio de estar ligado, activo, e facilmente acessível. Um aspecto importante a considerar é o impacto ambiental e social, integração do uso do solo, estratégia económica, e considerações de viabilidade no desenvolvimento de infra-estruturas. Assim, tais considerações podem resultar em recomendações de conceitos, princípios, e orientações de transporte que são holísticas, focalizadas, e podem fornecer resultados que são proporcionais à relação custo-benefício do investimento emitido, bem como ser capazes de facilitar a realização dos objectivos de desenvolvimento da IKN em geral. O princípio principal promove a inovação e a flexibilidade e considerando várias possibilidades no futuro. Quanto às seis estratégias de mobilidade são (1) cidades ligadas, (2) cidades compactas e fáceis de desenvolver, (3) cidades sustentáveis e acessíveis,
(4) uma cidade activa e amiga dos peões, (5) uma cidade eficiente, segura e resiliente, e (6) cidades prontas a enfrentar o futuro. Infra-

estrutura energética O Plano Director da IKN propõe 100% das necessidades anuais de electricidade da IKN fornecidas por centrais de energia renovável, entre outras, centrais de energia solar (PLT) ou solar farm e rooftop solar PLT (painéis solares rooftop). Para satisfazer as necessidades enquanto se supera o fornecimento de electricidade solar instável, a IKN será ligada ao sistema eléctrico Kalimantan. Durante os períodos de baixa irradiação, a IKN irá tomar o fornecimento necessário do sistema eléctrico de Kalimantan. Durante períodos de pico, o excesso de energia solar será armazenado e exportado para o sistema de energia Bornéu. Soluções de armazenamento de energia que podem ser consideradas, incluindo baterias e hidrogénio. O sistema de transporte da cidade IKN utiliza uma combinação de utilização de veículos, nomeadamente electricidade e hidrogénio. Com base nos resultados do cálculo das necessidades de electricidade para utilização de veículos eléctricos e hidrogénio, projecções da procura de cerca de 900 MWh/dia de electricidade em linha com a visão de emissão zero líquida do IKN.

Total Estas necessidades podem ser todas fornecidas pelo sistema devido aos resultados deste cálculo ser 4% menor do que o consumo total de electricidade projectado para a KPIKN. O sistema eléctrico KPIKN consiste em várias fontes de electricidade, tais como geradores solares agrícolas, painéis solares de telhado, painéis solares de iluminação pública e painéis solares flutuantes. Portanto, a capacidade da rede para distribuir o fornecimento de electricidade dos geradores distribuídos requer integração na satisfação das necessidades de electricidade em qualquer altura.IKN está planeado aplicar uma rede inteligente, nomeadamente um sistema de rede que permite o fluxo bidireccional de energia e dados com tecnologia de comunicação digital para detectar, reagir e adaptar-se proactivamente às mudanças de utilização e várias questões incluem: a. transmissão de energia mais eficiente; b. resposta mais rápida às mudanças na oferta e procura de electricidade; c. recuperação mais rápida de energia após falhas de energia; d. custos operacionais e de gestão reduzidos para os serviços públicos; e. gestão mais eficiente da carga; f. maior integração de sistemas de energia de grande escala e renováveis distribuídos e g. melhor integração dos sistemas de geração de energia do proprietário-cliente (por exemplo, painéis de telhado no IKN). Embora haja mais custos elevados quando comparados com a rede acima do solo, a rede de transmissão e distribuição subterrânea tem uma série de benefícios adicionais que abrangem: a. protecção contra intempéries, tais como chuva forte, ventos fortes, e queda de raios; de sabotagem; impacto visual sombrio para uma melhor estética urbana. b. c Com a implementação da rede inteligente, existem muitos dispositivos da Internet, filtros snat, sensores, e relés ligados à rede. gentilmente inerentemente, este conceito arrisca múltiplos pontos de entrada para ciberataques, pelo que são necessárias medidas apropriadas para proteger as ranhuras de informação extensiva e sinais de controlo na rede. O programa de cibersegurança deve ser concebido desde o início como uma parte integrante da segurança do sistema. O programa inclui a prevenção e defesa de ataques, identificação, autenticação e controlo de acesso, e protocolos e rede de comunicação. Todos os componentes que se encontram na rede devem ser incluídos no programa, incluindo os utilizadores finais.

Normas de cibersegurança que obviamente também exigiam que todos os dispositivos estivessem ligados à rede eléctrica, incluindo dispositivos de consumo, incluindo medidores snart e sistemas baseados em platowltaic (PV). O IKN está previsto utilizar uma mistura de gás hidrogênio e gás natural como fonte de combustível do gás de cidade, de modo a estar em conformidade com a visão do IKN com emissões líquidas zero. Embora o gás natural seja considerado uma fonte de energia limpa, não pode ser actualizado. Portanto, está planeado que o IKN produzirá e exportará energia solar equivalente à quantidade de energia utilizada a partir do gás natural para atingir o KPI de 100% de energia renovável Para facilitar o aumento faseado do fornecimento de hidrogénio, o KIKN será dividido em três clusters. Cada aglomerado terá uma proporção de hidrogénio e diferentes gases naturais na mistura. O primeiro e segundo aglomerados consistem nas células de desenvolvimento a serem desenvolvidas até 2038 e serão fornecidos por 20 por cento de hidrogénio e pelo menos 80 por cento de gás natural. O primeiro é dividido em dois aglomerados para facilitar a transição ao longo do tempo para uma mistura de gás com uma percentagem mais elevada. O terceiro aglomerado consiste em células de desenvolvimento a serem desenvolvidas aproximadamente de 2038 a 2045 e serão fornecidas por pelo menos 80 por cento de hidrogénio gasoso. Áreas fora do KIKN que ainda estão incluídas na área KPIKN, tais como áreas militares, áreas industriais, e alguns dos aglomerados mais densamente povoados serão servidos por uma rede independente de gás urbano. A proporção de fornecimento para a região é de 20% de hidrogénio e 80% de gás natural. Para um interesse a longo prazo ou após 2045, a concepção da rede de gás urbano precisa de ter a flexibilidade necessária para ser convertida numa rede de gás urbano baseada em 100 por cento de hidrogénio integrado num sistema. A utilização de um sistema de separação de agregados, desde o início, ajudará a facilitar esta transição no futuro. A natureza flexível da rede de distribuição de gás da cidade, apoiada pela sua capacidade de acomodar gás natural (GN) e hidrogénio gasoso. Esta flexibilidade pode ser conseguida assegurando que o material do tubo adequado para transportar gás natural (GN) e hidrogénio gasoso (tubo de polietileno). Além disso, o equipamento redutor de pressão deve ser concebido de modo a poder suportar taxas de fluxo diferentes do gás natural (GN) ou do hidrogénio gasoso (através do sistema de controlo). Infra-estrutura tecnológica, informação e localização o centro de dados será estruturado para servir os sistemas de dados e tecnologia da informação (TI) do governo, nomeadamente centros de dados do governo central e centros de dados de fronteira. O centro de dados está planeado para estar na área do KIPP e será construído em StatutoryProvision of Technology, Information and Communication (ICT) visa cumprir o princípio de "Conveniência e Eficiência através da Tecnologia" em apoio aos objectivos KPI relacionados: (i) disponibilidade de 100% de conectividade digital e ICT para todos os cidadãos e empresas através do fornecimento de infra-estrutura de conectividade ICT, (ii) classificação elevada no índice de desenvolvimento governamental (EGDI) pela ONU; e. (iii) mais de 75% de satisfação das empresas com dispositivos de serviços digitais através do fornecimento de infra-estruturas básicas para a conectividade de TIC para permitir a implementação de iniciativas de cidades inteligentes com infra-estruturas de TIC, como se segue: A rede 5G ou a rede de última geração é uma macro e micro rede de transmissão de células com as capacidades de computação de ponta necessárias para a funcionalidade que tem tecnologia padrão de quinta geração ou a mais recente geração de redes celulares. Fiber Broadband é uma ligação de banda larga que utiliza cabos de fibra óptica para transmitir dados a alta velocidade para a habitação e as empresas da região. c. Fiber Backhaul é uma rede tampão ligada à Internet global. Centro de dados e rede são instalações de apoio à conectividade que centralizam as actividades operacionais e o equipamento informático proprietário do governo para efeitos de armazenamento, processamento, bem como a implantação de dados e aplicações. A rede 5G ou rede de última geração permite a partilha (fatiagem, nomeadamente a técnica de dividir uma infra-estrutura física de rede em várias redes virtuais com um aumento significativo da largura de banda (largura de banda) e da latência.Cada rede virtual resultante da divisão da rede dará origem a uma rede separada intacta e optimizada para ser utilizada para determinados fins comerciais e vários serviços e aplicações que se dividem em três categorias gerais, nomeadamente: a. Banda larga móvel (banda larga móvel melhorada, i.e. aplicações que fornecem uma largura de banda elevada e um débito elevado de redes com alta taxa de dados para voz, vídeo, e aumento realista; b. comunicações ultra-confiáveis e de baixa latência, ou seja, conjunto de características concebidas para suportar aplicações críticas, tais como gestão inteligente de tráfego, rede inteligente, e sistemas de transporte inteligentes; e c. comunicações automáticas massivas, aplicações que fornecem ligações a um grande número de dispositivos de forma intermitente, acomodando assim um número de semáforos, tais como resíduos inteligentes e luzes de rua inteligentes. O Plano Director propõe que a IKN construa a infra-estrutura física necessária para suportar progressivamente a cobertura 5G ou a rede de última geração para a área KIKN antes de atingir a cobertura total para as áreas povoadas na Etapa 5. Os sistemas 5G ou redes de geração de última geração serão desenvolvidos em fases que estejam de acordo com as Etapas de Economia e Planeamento Espacial.

# CAPÍTULO 10
# PRINCÍPIOS BÁSICOS DE REMOÇÃO E IMPLEMENTAÇÃO DE CENTROS GOVERNAMENTAIS

A essência da mudança do IKN para Kalimantan é a transferência do governo central composto pelo executivo, legislativo e judiciário. Em relação a isso, a transferência do IKN é inseparável da transferência de funcionários públicos do Estado como empregado a trabalhar numa agência governamental central. A transferência do IKN tornar-se-á um impulso para a reforma burocrática através de esforços para melhorar a governação a nível central, que é eficaz e eficiente através de vários planos, como indicado na descrição abaixo. Transferência do IKN e Momento de Implementação Inteligente, IKN A transferência do aparelho civil do estado para o IKN é um impulso para a implementação de uma governação eficaz e eficiente, que se afasta da condição prévia de que o IKN foi construído com a visão de ser uma "Cidade Mundial para Todos". Além disso, o facto mostra que o desenvolvimento da tecnologia da informação e das comunicações, as ondas maciças de penetração da Internet, e a emergência da pandemia COVID-19 mudou a face e a forma como o governo trabalha para se basear na flexibilidade e na conectividade digital. A Reforma Institucional e a Burocracia é também uma componente de um dos pilares do desenvolvimento da Indonésia na Visão da Indonésia 2045, nomeadamente 'Consolidação da Resiliência Nacional e Governação'. No âmbito da reforma burocrática e da governação, foram implementadas várias medidas estratégicas: a. O reforço da implementação da gestão do aparelho civil estatal é levado a cabo através da aplicação da gestão de talentos nacionais do aparelho civil estatal, melhoria do sistema de mérito do aparelho civil estatal, simplificação da escalonização, e arranjo de posições funcionais. b. Os arranjos institucionais e os processos empresariais são levados a cabo através da estruturação de agências governamentais institucionais e da implementação de sistemas governamentais electrónicos integrados. c. A reforma do sistema de responsabilização do desempenho é levada a cabo através da expansão da implementação do sistema de integridade, reforçando a gestão da reforma burocrática e a responsabilização pelo desempenho organizacional, bem como o planeamento da reforma do sistema e a orçamentação; e A transformação dos serviços públicos é levada a cabo através dos serviços públicos electrónicos (e-seruicel, reforço da supervisão comunitária do desempenho dos serviços públicos, reforço do ecossistema de inovação, e reforço do serviço integrado. No seu desenvolvimento actual, o paradigma de governação aplicado na IKN leva ao conceito de um governo inteligente eficaz e eficiente, ou seja, uma das escolhas devido às suas características até à implementação central de cidades inteligentes, tirando partido das oportunidades de implementação de reformas burocráticas que são apoiadas pelos valores de participação, transparência e eficiência, tanto na elaboração de políticas como na prestação de serviços públicos e administração em geral. Especificamente, os três elementos mais importantes que devem ser cumpridos na implementação da governação inteligente incluem (i) organizações governamentais relacionadas com o compromisso, capacidade de resposta e gestão operacional; (ii) participação pública relevante com o modo e a medida em que a participação pode ser feita pela sociedade na administração do governo; e (iii) utilização da tecnologia no que diz respeito a como e que forma de utilização da tecnologia digital para encorajar a governação participativa e a colaboração com quatro esforços a serem feitos.A transferência do KIL que pode apoiar o papel do IKN como um governo central considera a ordem das instituições de governação, tal como estabelecido na Constituição da República da Indonésia de 1945, Lei n.º 39 de 2008 relativa ao Estado Ministerial, bem como a eficácia da governação a nível central, que está dividida em cinco grupos. Existem várias instituições planeadas para não serem transferidas devido à consideração de papéis, deveres e funções cuja implementação será mais optimizada se não for transferida para o IKN.

Em geral, a transferência de KIL e funcionários públicos do estado para o IKN seguiu um algoritmo composto por três partes, nomeadamente, definir o cenário de unidade a organização compilada pelos Ministérios/Instituições transferidos para o IKN; definir o cenário do aparelho civil do estado preparado pelos Ministérios/Instituições que serão transferidos k9 IKN; e determinar o cenário familiar, que é preparado por cada aparelho civil do estado que será transferido para o IKN.Unidade Instituição Organizacional que Transferiu Le Implementação da avaliação das unidades organizacionais K/L que serão transferidas para o IKN realizada por cada K/L, considerando os seguintes corredores: a. O nível de importância/urgência da unidade organizacional transferida para o cluster antecipadamente porque: 1) directamente relacionados com a formulação de políticas; 2) apoiam directamente os deveres e funções dos chefes de agência; e 3) a unidade organizacional funciona como uma unidade de serviço público (considerando o número de serviços ainda centrados na Província da Região Especial de Jacarta Capital); unidades organizacionais que funcionam como potenciais unidades de serviço público não transferidas para o IKN (considerando o número de serviços que ainda estão sediados na Província da Região Especial da Capital de Jacarta). A visão de transformar uma nova forma de trabalhar no IKN, entre outras, é um escritório partilhado (escritório partilhado, organização flexível do trabalho, e a visão de um governo inteligente. Como nota de consideração, a unidade organizacional com o mandato de formulação de políticas será mais eficaz se estiver próxima dos líderes dos ministérios/instituições, com menos funcionários públicos estatais do que as unidades que têm deveres e funções de serviço. Além disso, as unidades organizacionais relacionadas com os serviços públicos serão mais eficazes se estiverem próximas dos serviços beneficiários (comunidade e mundo empresarial) que requerem mais funcionários públicos dos países.

G.5 Corredor de Avaliação para Aparelhos do Estado

Transferido para o IKN Após a realização de uma avaliação da unidade organizacional K/L, em seguida é realizada uma avaliação do aparelho civil estatal a ser transferido para o IKN. A implementação é levada a cabo por cada unidade de pessoal KIL com corredor da seguinte forma: a. funcionários públicos estatais com um nível mínimo de educação do Diploma 3 (D-3); b. atenção ao limite de idade da reforma; c. dados sobre o desempenho do aparelho civil estatal, considerando que 20 por cento dos funcionários representam o desempenho de 80 por cento dos funcionários; e d. dados de avaliação do potencial e competência.

## ORGANIZAÇÃO ESTRANGEIRA/INTERNACIONAL PARA A IKN

A IKN é o centro do novo governo indonésio, incluindo para a implementação de políticas governamentais no campo da diplomacia e implementação de relações externas com países acreditados. Tal como estabelecido na Convenção de Viena de 1961 sobre Relações Diplomáticas, a Embaixada está localizada na Capital Nacional e considera a implementação da política externa estratégica e óptima incluir a implementação de relações externas com países parceiros, cooperação internacional tanto bilateral, regional e global, bem como outros serviços públicos ou consulares. Portanto, a posição do representante do país estrangeiro (PNA), incluindo organizações internacionais (OI) que se encontram em Jacarta, deve também passar para o IKN no complexo diplomático (compounQ diplomático, ajustando as etapas e os prazos que foram arranjados. O desenvolvimento de novos IKNs também tem o potencial de encorajar os estrangeiros do governo que anteriormente não tinham uma embaixada em Jacarta, a estabelecer directamente uma missão/embaixada diplomática ou o seu representante no IKN.Isto terá mais tarde um impacto na expansão da cooperação bilateral com novos países parceiros e no desenvolvimento das relações e da cooperação internacional. A transferência da PNA e da OI para a nova localização do IKN também terá um impacto positivo e contribuirá para o desenvolvimento da cidade IKN, por exemplo, a cooperação internacional, tanto o investimento, a cooperação para o desenvolvimento urbano, como o comércio e os serviços. Além disso, a transferência também encorajará o desenvolvimento de outros sectores, tais como a educação, a saúde e as oportunidades de emprego. Para além das embaixadas e organizações internacionais, há também representantes de outros governos estrangeiros também localizados em Jacarta, há cerca de 25 cônsules honorários e 21 da missão ASEAN. O cargo de Cônsul Honorário não precisa de ser reafectado no IKN, enquanto os representantes estrangeiros são para missões A ASEAN não se desloca porque considera que o Secretariado da ASEAN está domiciliado em Jacarta. O prazo para a mudança da PNA e OI para o novo IKN é esperado dentro de um período de 10 anos após a data de determinação do estatuto IKN. Reatribuição do PNA e OI para o novo IKN 1. PNA/OI mudou os seus escritórios de representação para o novo IKN. 2. PNA/OI abre um escritório de representação no novo IKN como função de representação Realocação de PNA e OI para Vários Novos IKNs Apoio e facilitação necessários a ser preparados pelo Governo da Indonésia 3. Fornecimento de terrenos de escritório da PNA e OI na área complexa diplomática. 4. Mecanismo de transferência do PNA/OI na fase de transição, bem como fornecimento de instalações de serviço diplomático do PNA e do OI. 5. Instalações e infra-estruturas do IKN que apoiam as actividades do PNA e da OI.

Fonte: Ministério do Desenvolvimento Nacional
Planeamento/Bappenas, 2020

# CAPÍTULO 11
## PRINCÍPIOS BÁSICOS DE DEFESA E SEGURANÇA DA CIDADE CAPITAL

A formulação do Sistema de Defesa e Segurança e do Plano Director Estratégico no IKN começa com um estudo envolvendo peritos de defesa e segurança, que é depois coordenado e consolidado em conjunto pelo Ministério da Defesa, Forças Armadas Nacionais da Indonésia, Polícia Estatal da República da Indonésia, a Agência Nacional Cibernética e Cripto, e a Agência Estatal de Inteligência e outras instituições de defesa e segurança. O Plano Director do Sistema e a Estratégia de Defesa e Segurança assenta no pilar da defesa, Segurança, Cibersegurança e Inteligência, O Plano Director do Sistema e Estratégia de Defesa é preparado em conformidade e refere-se à Lei da Defesa, à Lei da Polícia da República da Indonésia, à Lei das Forças Armadas Nacionais Indonésias, à Lei dos Serviços Secretos do Estado, Lei de Informação e Transacção Electrónica,Lei sobre a Erradicação de Actos Criminais de Terrorismo,perpres Política Geral de Defesa Nacional,e Políticas para administradores estatais O desenvolvimento da defesa no IKN é inseparável do desenvolvimento da defesa do país que pretende construir uma força de defesa formidável que tem a capacidade de dissuasão como um estado arquipelágico e um estado marítimo. Para afastar, negar e destruir a defesa contra ameaças, sistemas e estratégias de defesa em camadas são perseguidos pela defesa inteligente, nomeadamente a sinergia entre as defesas duras sob a forma de defesa militar e a defesa suave sob a forma de defesa não-militar. A seguir Esta defesa inteligente é sinergizada com a diplomacia total como uma estratégia de sistema de defesa de dupla forma. O desenvolvimento da defesa nacional, tanto a defesa militar como a defesa não militar organizada de forma integrada refere-se ao sistema de defesa nacional que é universal e yang dirigido ao seguinte: a. Desenvolvimento da Postura de Defesa do Estado O desenvolvimento da defesa nacional é levado a cabo para realizar esta defesa militar e a defesa não militar para uma região respeitada pelo poder marítimo na região da Ásia Oriental com defesa activa de princípios defensivos e estratificada (apoiada) a fim de garantir os interesses nacionais. Os esforços de defesa nacional são levados a cabo através do desenvolvimento da postura de defesa nacional numa base contínua para realizar poderes, capacidades, e títulos. O desenvolvimento de uma postura de defesa militar orientada para o cumprimento das Forças Essenciais Estratégicas (Força Essencial Estratégica) principal componente e preparação de outras componentes de defesa. Entretanto, o desenvolvimento de uma postura de defesa não militar é priorizado no aumento do papel dos ministérios e/ou agências no tratamento de (a) ameaças, (b) a capacidade de gerir recursos nacionais, e (c) instalações de infra-estruturas nacionais de acordo com os seus respectivos deveres e funções de apoio aos interesses da defesa nacional.

b. Desenvolvimento do Sistema de Defesa Nacional

Desenvolvimento de um sistema integrado de defesa nacional constituído por defesa militar e defesa não militar, orientado para a realização de sinergias e o aumento da eficácia e eficiência da coordenação na administração da defesa nacional. Desenvolvimento institucional de instituições militares ou de defesa não-militares a fim de realizar uma força integrada na gestão da defesa nacional através do reforço e estruturação da reestruturação e reestruturação institucional. Outro conceito do sistema de defesa no IKN é um portão marítimo virtual. O portal marítimo virtual é um portal moderno, utilizando os elementos construtores do portal sob a forma de um sistema de tecnologia moderna com arquitectura imaginária para assegurar o movimento de pessoas, bens, ou outros instrumentos, tais como navios, quer à superfície quer debaixo de água, podem ser quantificados com precisão. A posição do portão marítimo IKN virtual da Indonésia será colocada no Estreito de Makassar, que é ladeado por duas As ilhas principais são Kalimantan e Sulawesi. Funções do portal marítimo virtual O IKN no Estreito de Makassar consiste em identificar todas as formas de objectos flutuantes ou submarinos que atravessam o Estreito de Makassar até ao IKN. A arquitectura do portão marítimo virtual IKN no Estreito de Makassar foi construída com elementos de sistemas de tecnologia moderna que existem actualmente. Os elementos tecnológicos consistem em sensores, plataformas de bóia, sistemas de comunicação, terminal de dados terrestres, software de análise de dados, e interface humana para a tomada de decisões. O IKN virtual no Estreito de Makassar consiste em dois módulos de sistema de detecção precoce módulos flutuantes, nomeadamente dois módulos de terminal de dados terrestres, e um centro de controlo de informação. O módulo do sistema flutuante de detecção precoce é um sistema de detecção capaz de detectar o movimento de objectos à superfície e debaixo do mar, bem como os dados digitais capazes para o centro de controlo de informação. Além disso, o sistema de detecção precoce flutuante também é capaz de fornecer alimentação eléctrica independente. Os elementos tecnológicos do sistema de detecção precoce flutuante consistem numa plataforma de bóia, alimentação, sensores activos e passivos, receptor, transmissor, micro-controladores. O terminal de dados terrestre modul é um sistema tecnológico que serve para captar todos os dados provenientes do sistema de detecção precoce flutuante. Os terminais de dados terrestres são um sistema que se encontra na área terrestre mais próxima da detecção precoce do sistema e que ainda permite a comunicação via Internet utilizando a rede de telecomunicações existente. dados que foram recebidos pelo terminal de dados terrestres e depois encaminhados para a informação do centro de controlo. O tipo de dados recebidos é classificado com base no sensor que recebe os dados. Sistema de Segurança IKN Além do sistema de defesa, o IKN desenvolverá também um sistema de segurança sofisticado e moderno. O sistema de segurança IKN será apoiado por segurança inteligente (segurança inteligente) que transporta o conceito de um sistema de segurança integrado, integrado, e capaz de prever perigos, desastres, e acções criminosas no local através da utilização de equipamento de segurança (apoio ao sistema de segurança). O conceito de segurança inteligente que será construído no IKN é Inicialmente, isto visará a realização de uma cidade segura e protegida. O conceito de segurança inteligente do IKN está amplamente dividido em dois, nomeadamente (1) serviços policiais e (2) prevenção do crime reduzindo a criminalidade. Os serviços policiais dividem-se em (1) Sistema de Segurança da Cidade Moderna (Sispam Modern City); (2) Segurança, Ordem e Suavidade do Trânsito Moderno (3) Serviços de resposta a emergências de emergência e de resposta\; e (4) Serviços administrativos da polícia. Quanto aos aspectos de prevenção do crime dividem-se em (1) vigilância e (2) envolvimento da comunidade e vários parceiros relacionados (envolvimento da comunidade e dos parceiros. O controlo do sistema de segurança inteligente IKN será apoiado por várias componentes, incluindo (1) centro de comando ou segurança inteligente do centro de comando, que é um sistema integrado baseado na tecnologia da informação e em grandes dados (provenientes de dados internos e policiais) para apoiar as actividades operacionais da polícia no quadro do serviço comunitário, principalmente para o chefe da unidade de trabalho ou o chefe de operações para levar a cabo a coordenação do acompanhamento de situações de emergência e a antecipação de situações que podem levar ou aumentar a escalada de perturbações de segurança e ordem pública (kamtibmas);

(21 controlador de operações de segurança (SOC) e/ou sistema de aplicação de serviço de polícia do centro de monitorização que efectua a monitorização/monitorização da segurança da rede e o policiamento de aplicações relacionadas com serviços no centro de dados da Polícia Nacional no IKN; e (3) uma série de computadores incidentes feam (CSIRT) de resposta inteligente de segurança ou uma equipa cibernética dedicada e fiável com a tarefa de manter a segurança cibernética, prevenir ataques cibernéticos, bem como restaurar os sistemas digitais (no caso de os ataques cibernéticos não serem impedidos com sucesso) em toda a infra-estrutura digital associada aos sistemas de segurança inteligentes.A explicação de cada componente de um sistema de segurança inteligente IKN é a seguinte: a. Serviço de Resposta a Emergências (Emergencg and Response) No serviço de resposta a emergências, os sistemas de segurança inteligentes proporcionarão vários esforços para poder dar uma resposta rápida face a incidentes e situações de emergência comunicados pelo público à polícia. A situação de emergência pode ser um evento criminoso, perturbações kamtibásticas, desastres, e

outras potenciais situações de emergência que causem ou aumentem a escalada de perturbações de segurança e ordem. O apoio do sistema aos serviços de resposta a emergências pode ser sob a forma de: 1 . Call center ou call center (Serviço de Polícia 1 10) é um canal via telefone para o público fazer um relatório ou queixas a serem coordenadas através do centro de comando para acompanhar os passos. O botão de pânico ou botão de pânico é um sistema que pode ajudar a alertar o pessoal da Polícia mais próximo numa situação de emergência em que existe uma ameaça a uma pessoa ou propriedade com controlo através do centro de comando. Existem vários locais alternativos de botões de pânico sob a forma de uma aplicação num smartphone ou de instalação de um botão de pânico no seu smartphone certos/prontos a serem localizados.3O sistema de alerta precoce ou sistema de alerta auricular é um sistema de comunicação de informação em cadeia que pode estimar e fornecer interferências de sinal que podem afectar negativamente a estabilidade da segurança da cidade. b. Segurança, Ordem e Trânsito Suave (Kamseltibcarlantas) Moderno Um componente do sistema de segurança inteligente IKN é o sistema kamseltib car lantas moderno com o objectivo de realizar e manter kamseltibcarlantas, melhorar a qualidade da segurança e reduzir a taxa de mortalidade das vítimas de acidentes, construir uma cultura de trânsito ordenado, bem como melhorar a qualidade dos serviços de trânsito para a comunidade IKN.O moderno sistema IKN de kamseltibcarlantas envolve alguma automatização, bem como todas as funções policiais no domínio do tráfego, incluindo: bloqueio e desvio de tráfego, aplicação da lei, e resposta rápida no domínio do tráfego rápido. Todos os serviços de tráfego no IKN serão coordenados através do centro de gestão (TMC). O TMC é o centro de controlo de comando, comunicação, coordenação e informação para proporcionar uma resposta rápida na gestão do tráfego e da segurança rodoviária. Existem duas opções alternativas para as operações TMC. Primeiro, o TMC pode aderir ou colocar as suas funções no centro de comando IKN com alguns ajustes baseados na necessidade de ter TMC.Em segundo lugar, o TMC foi construído separadamente do comando central, mas o equipamento de vigilância de que é proprietário é uma unidade ou integrado com dispositivos de vigilância do centro de comando. Por exemplo, câmaras CCTY, identificação de matrículas, reconhecimento, etc., várias outras tecnologias de vigilância que estão equipadas com Inteligência (IA) no campo do tráfego (então) para poder detectar violações, acidentes de trânsito, e engarrafamentos, bem como configurações directas de automatização de cenários (bloqueio e redireccionamento) para manter a suavidade ou enfrentar um encaminhamento de situações de emergência (facilitando o movimento de equipas de resposta de emergência, por exemplo polícia, bombeiros, ou ambulância, fornecendo rotas alternativas baseadas no tráfego mais recente): O centro de segurança e protecção é um sistema integrado entre as partes interessadas no terreno para depois apoiar a segurança do tráfego através de um sistema de mapeamento de pontos vulneráveis acidentes/pontos negros e sistemas de recolha de dados de acidentes de tráfego e violação. Esta componente do sistema será apoiada por sistema de investigação de gestão electrónica (para actos criminosos), laudo de tráfego electrónico (para infracções), sistema de gestão de velocidade, dar, sistema de aviso de acidentes de viação (TAEW). 2. Registo e identificação electrónicos, café (ERI) é um sistema de recolha de dados sobre registo e identificação electrónica de veículos motorizados. ERI é uma base de dados para a polícia dos serviços administrativos no domínio do directo, por exemplo o fabrico e renovação de um SIM, STNK, e BPKB.Além disso, a base de dados ERI também pode ser utilizada para fins de investigação, vigilância da cidade, identificação das identidades dos infractores, gestão de pontos de infracção, e assim por diante. Além disso, a base de dados ERI fará também parte do centro de dados de comando de grandes comandos de segurança inteligente de dados que também requer uma componente de dados externos, tais como dados de residência de dados, dados de impostos sobre veículos, ou dados ETLE. 3. O sistema de análise inteligente de tráfego é um sistema de informação, comunicação e soluções concebidas para gerar uma variedade de alternativas de decisão na resolução de problemas no sector directo e serviços no sector directo, por exemplo, desvio de fluxo, sistema aberto e fechado e/ou rota alternativa disponível em caso de emergência. O funcionamento da INTAN é necessário apoiado por

121

tecnologia e recursos humanos capazes de uma grande extracção de dados. Os programas disponíveis na INTAN consistem em (1) informação de sistema contendo informação sobre densidade actual, estradas alternativas, situações e condições; (2) interesses, tempo de viagem, soluções e emergências; (31 sistema de comunicação; (4) padrões de colocação de oficiais e interesses das partes interessadas entre o back office dar, residentes, utentes das estradas, oficiais, e qualquer pessoa no terreno; (5) sistema de comando de controlo de tempo de resposta rápida (QRT) e sistemas de anéis; (6) sistema de coordenação; bem como (7) serviços integrados entre regiões, funções e partes interessadas.

4. O registo de atitude de tráfego (TAR) é uma violação do sistema de gestão de pontos de tráfego.

Através deste sistema, o condutor que tiver atingido um determinado valor máximo perderá os direitos de conduzir (revogação da carta de condução). Espera-se que o sistema seja capaz de melhorar a segurança rodoviária e a cultura de trânsito. 5. O Safeguarding Center (SDC) é um centro de educação e formação em segurança rodoviária. O objectivo do SDC é melhorar a qualidade da capacidade e aptidão dos condutores na condução na auto-estrada, para que a cultura de tráfego ordenado se possa formar, bem como aumentar a segurança na condução. A SDC é encorajada a ser construída na mesma área e integrada com o edifício do Centro de Serviços Policiais Integrados. Isto porque a SDC precisa de ser utilizada como mecanismo no teste SIM do sistema ou tornar-se parte do mecanismo que deve ser tomado na emissão de SIMs ou nos esforços do condutor para recuperar os direitos de condução. Sistema de Segurança da Cidade Moderna (Sispamkota Modern) Sispamkota é um procedimento do sistema de segurança da cidade moderna que visa fornecer clareza e orientação à polícia de pessoal, agências relacionadas, e unidades internas de apoio à gestão de perturbações da ordem pública. O procedimento estabelecido em sispamkota inclui um padrão de segurança contingente se enfrentar mudanças na situação de Kamtibmas na área IKN. Uma série de perturbações em questão inclui conflitos sociais, motins de massas anarquistas, ocupação forçada de símbolos estatais, instituições de países, representantes estrangeiros, e outras infra-estruturas críticas do IKN, catástrofes naturais ou não naturais (situações de catástrofe e de resposta pós-catástrofe), bem como terrorismo. Os procedimentos, mecanismos e formas de actuação nestas situações no IKN serão regulamentados num documento separado. Contudo, em geral o IKN sispamkota será reforçado com um sistema de apoio inteligente bem como o IKN e fará parte da implementação operacional do sistema de segurança inteligente por si só. Os procedimentos no IKN sispamkota utilizarão dados das auto-estradas, IA, e a Internet das coisas para que soluções e decisões alternativas sejam tomadas em acção possam ser mais mensuráveis e considerar diferentes tipos de perdas em vez de tomar uma decisão de uma forma manual. Além disso, a administração municipal do IKN utilizou uma série de apoios sgstem que também aumentarão a velocidade de resposta, tanto na tomada de decisões, como no destacamento de pessoal/troops. Todos os intervenientes relevantes serão ligados ao sistema existente e a sua coordenação será feita mais facilmente com a ajuda do sistema. Um sistema de apoio que desempenhará um papel importante no sistema da cidade IKN é a tecnologia de vigilância, especialmente a análise de vídeo inteligente para prever o volume da multidão, detectar movimentos suspeitos, detecção de materiais/bens perigosos/proibidos transportados pela multidão interna, reconhecimento facial, mostrando alternativas/sugestões para acompanhamento do que precisa de ser feito pela polícia e actividades relacionadas com as partes interessadas, bem como outros sistemas que podem apoiar a segurança da cidade. Até agora, a Polri tem um centro integrado de serviços policiais (SPKT) que é a principal página inicial dos serviços policiais. Quanto aos serviços SPKT incluem relatórios da polícia (LP), cartas de recepção de relatórios da polícia (STTPLP), carta de notificação do progresso da investigação (SP2HP), certificado de relatório de perda (SKTLK), carta de declaração de registo policial (SKCK), carta de recepção de notificação (STTP), certificado de auto-relatório (SKLD), licença de multidão, cartas de recomendação de licenças comerciais para serviços de vigilância, cartas de condução (SIM), e certificado de matrícula de veículos motorizados

(STNK).Além disso, o SPKT também funciona para coordenar e prestar assistência e assistência (tKP manipulação, turjawali, e segurança), serviço comunitário através de vários meios de comunicação, bem como apresentação de informação geral relacionada com o interesse público. Portanto, a aplicação do serviço de policiamento integrado como parte do sistema de segurança inteligente da IKN será levada a cabo com o objectivo de maximizar a satisfação da comunidade na obtenção de todas as componentes do serviço acima. Existem dois modelos de serviços integrados de polícia que estarão disponíveis no IKN. Primeiro, o serviço no edifício do centro integrado de serviços de polícia, cara a cara. Em segundo lugar, os serviços sobre aplicações de serviço de policiamento integrado que podem ser acedidos online: 1) fluxo de dados/integração total de todos os dados necessários nos serviços (há vários serviços que podem ser feitos completamente sem estar frente a frente com os agentes); pontualidade do serviço como compromissos prometidos; n

o taxas ilegais; suavidade e facilidade no acesso a serviços ou informações relacionadas com serviços; fornecimento de características/informações para o público conhecer o estado/progresso dos documentos apresentados; e fornecimento de características/mecanismos seguros para a comunidade denunciar insatisfações/desvios que ocorram e informações de acompanhamento sobre o relatório que possam ser acedidas pelo denunciante.

Para apoiar isto, os serviços policiais estão integrados no sistema IKN smart security será apoiado por um mecanismo mais fácil, auto-estrada de dados, centro de monitorização SOC e CSIRT que trabalham 7x24 horas para superar vários problemas no sistema, humanista de recursos humanos e têm competência de serviço, aplicação que tem interface de utilizador/ experiência de utilizador que é fácil de usar para vários grupos/idade, avaliação e equipa coordenadora encarregada de aumentar a experiência/satisfação da comunidade na recepção de serviços, bem como edifícios de serviços adequados e amigos das crianças e deficiência.

Os sistemas de vigilância nos sistemas de segurança inteligentes da IKN podem ser categorizados como a vanguarda do sistema na detecção de violações, crimes e perturbação da segurança e da ordem no IKN. Quase todos os componentes do sistema de segurança inteligente do IKN dependem de um sistema de vigilância. O apoio do sistema de vigilância do IKN pode consistir no seguinte: 1. CCTV: destinado a pessoas que detectam e rastreiam grandes dados policiais a fim de realizar a correspondência biométrica com a identidade digital. 2. Drones: utilizado para procurar suspeitos, obter informações e vigiar a área de desastre sem utilizar helicópteros ou aviões. A câmara corporal utilizada como câmara portátil tem uma variedade de características que podem apoiar as actividades policiais no terreno, desde como dispositivo de gravação, ferramenta de comunicação, sistema de posicionamento global (GPS), ou funcionar como infravermelho para apoiar a actividade à noite. 4. Câmara robótica: especialmente concebida para ser colocada num local diferente tem o potencial de ser perigosa e arriscada e não pode ser alcançada pelos agentes. 5. Sistema de reconhecimento automático de matrículas: utilizado para detectar criminosos usando veículos integrados com a base de dados ERI. Esta tecnologia é capaz de reconhecer matrículas de veículos, proprietário do veículo, endereço e estado do veículo para agentes de conveniência no local mais próximo, se houver um veículo suspeito com base nos dados recebidos.

6. Câmera de patrulha: utilizada para identificar quatro lados em veículos de patrulha da polícia para a sua digitalização (digitalização no contexto da identificação de veículos ou de pessoas suspeitas de rastreio através de ordens e autorização do centro de comando. 7. Reconhecimento facial: utilizado para o reconhecimento facial através de processamento biométrico.

O reconhecimento facial inclui a detecção de identificação facial e facial usando uma máscara. 8. Análise de vídeo: utilizado para ajudar a analisar dados digitais para actividades suspeitas e instruir a segurança da acção. f. Envolvimento da Comunidade e Vários Parceiros Relacionados (Comunhão e envolvimento de Parceiros) A aplicação da segurança inteligente da IKN não pode ser realizada apenas através do desenvolvimento de tecnologia e infra-estruturas. O objectivo é (i) aumentar a confiança da comunidade na polícia com comunicação e colaboração criativas entre grupos comunitários, grupos empresariais e governo; (ii) fazer uma intervenção precoce, trabalhando com grupos comunitários para prevenir e reduzir a escalada de perturbações de segurança e ordem; e (iii) reforçar a resiliência da comunidade, especialmente em grupos vulneráveis, através de uma iniciativa

As principais tarefas desta componente do sistema são sob a forma de estratégia pré-empática, preventiva e pró-activa na prevenção do crime. Em geral, este sistema pode dividir-se em duas componentes de actividade, nomeadamente a captura de proximidade e a colaboração com as comunidades e o governo. A forma de cooperação ou estratégia levada a cabo pode assumir a forma de desenvolvimento de estratégias inovadoras na divulgação de informação e no fomento da participação da comunidade; utilização das redes sociais como fonte de informação em tempo real na identificação das estratégias de serviço policial necessárias à comunidade; colaboração com várias partes para apoiar vários eventos públicos;

colaboração para prevenir e reduzir a reincidência, prevenir a vitimização repetida e proteger grupos vulneráveis; apoio em estratégias de detecção e prevenção do crime contra mulheres e crianças;

apoio a iniciativas de programas de segurança e segurança definida pela comunidade; bem como colaborações com vários sectores governamentais relacionados com a prevenção do crime. A segurança na implementação de cidades inteligentes é um esforço profundo para manter dados e informações no governo. A segurança das infra-estruturas e da informação é altamente considerada na implementação de cidades inteligentes, porque maximizará os serviços governamentais. Na implementação da segurança cibernética, há vários princípios principais que lhe estão subjacentes, nomeadamente os seguintes: 1) Confidencialidade: prevenção da divulgação de informação a partes não autorizadas têm direitos sobre a informação; 2) Integridade: prevenção da alteração da informação por partes que não têm autoridade para alterar a informação; 3) Autenticação: a informação deve estar disponível quando necessária; 4)

Disponibilidade: a informação deve estar disponível quando necessária; e

5) Não-negação: as partes envolvidas não podem negar o dia então. Este princípio é então encarnado no quadro cibernético ou num quadro de ciber-segurança. O conceito refere-se ao ciber-mar cibernético.

Um quadro NIST que descreve as cinco funções de um ciclo de cibersegurança, nomeadamente proteger, detectar, responder, Delinear para cada função são as seguintes:

(identificação) é desenvolver uma compreensão da organização para gerir os riscos de cibersegurança para sistemas, bens, dados e capacidade. b. Proteger é desenvolver e implementar salvaguardas apropriadas para assegurar a prestação de serviços de infra-estruturas importantes. c. (detecção) é desenvolver e implementar actividades apropriadas para identificar a ocorrência de um incidente de segurança. d. Responder (responder) é desenvolver e implementar actividades apropriadas ao lidar com um incidente de segurança detectado. e. (recuperação) é desenvolver e implementar actividades apropriadas para a resistência e para a capacidade de recuperação ou qualquer serviço que tenha sido interrompido devido a um incidente de segurança o planeamento espacial de defesa do IKN O desenvolvimento da disposição espacial de defesa do IKN visa reforçar o sistema de defesa e segurança nacional integrado de modo a poder enfrentar ameaças, e apoiar a segurança da zona fronteiriça nacional, área marítima, área terrestre, e área aeroespacial, incluindo o desastre de mitigação. O desenvolvimento é realizado de forma integrada entre elementos do governo e do governo local através do planeamento espacial regional nacional/regional com planeamento espacial regional, a fim de criar um espaço de defesa formidável. A disposição da área de defesa é uma determinada área de defesa baseada num plano de área de defesa, utilização da área de defesa, e controlo da defesa de utilização da área. O plano de desenvolvimento da IKN está na forma de planeamento urbano juntamente com o zoneamento para a colocação de edifícios governamentais, incluindo o aspecto de defesa e segurança, ligados a redes e instalações públicas tais como transporte, energia, telecomunicações, água potável e saneamento. b. Protect está a desenvolver e a implementar salvaguardas apropriadas para assegurar a prestação de serviços de infra-estruturas importantes. c. (detecção) é desenvolver e implementar actividades apropriadas para identificar a ocorrência de um incidente de segurança. d. Responder (responder) é desenvolver e implementar actividades apropriadas ao lidar com um incidente de segurança detectado. e. (recuperação) é desenvolver e implementar actividades apropriadas para a resistência e para a capacidade de recuperação ou qualquer serviço que tenha sido interrompido devido a um incidente de segurança.

Planeamento Espacial de Defesa IKN O desenvolvimento do layout espacial de defesa IKN visa reforçar o sistema de defesa e segurança nacional integrado para que possa enfrentar ameaças, e apoiar a segurança da zona fronteiriça nacional, área marítima, área terrestre, e área aeroespacial, incluindo o desastre de mitigação. O desenvolvimento é realizado de forma integrada entre elementos do governo e do governo local através do planeamento espacial regional nacional/regional com planeamento espacial regional, a fim de criar um espaço de defesa formidável.

A disposição da área de defesa é uma determinada área de defesa baseada num plano de área de defesa, utilização da área de defesa, e controlo da defesa de utilização da área. O plano de desenvolvimento IKN está sob a forma de planeamento urbano juntamente com o zoneamento para a colocação de edifícios governamentais, incluindo o aspecto de defesa e segurança, ligados a redes e instalações públicas tais como transporte, energia, telecomunicações, água potável e saneamento. Fase 1: Plano de Desenvolvimento IKN para 2022-2024 A implementação do desenvolvimento IKN na Fase 1 está dividida em três fluxos de trabalho, nomeadamente desenvolvimento urbano, desenvolvimento de infra-estruturas, e desenvolvimento económico. O fluxo de trabalho de desenvolvimento da cidade consiste em actividades relacionadas com o planeamento urbano e a relocalização governamental. Em 2022-2023, será realizada uma fase inicial de desenvolvimento nas partes KIPP fase 1A Sub-BWP I. Na fase 1, serão construídas habitações para ASN, TNI, Polri e BIN, ambas sob a forma de casas e apartamentos, instalações de culto, mercados, e instalações religiosas para apoiar a construção e as fases iniciais da relocalização. No início de 2023, início de 2024, até 2025 e posteriormente, será iniciada a construção de instalações de I&D, universidades de classe mundial, instituições de ensino ao longo da vida, centros de inovação, instalações de saúde e hospitais internacionais. A deslocalização de residentes começará com o TNI, Polri e BIN em 2023 (deslocalização pioneira) e a deslocalização do executivo, legislativo, judicial, e ASN será levada a cabo no início de 2024. Antes desta realização, a IKN era dominada pela construção e defesa da segurança dos trabalhadores, especialmente na KIKN. A.2 Fase 2: O Plano de Desenvolvimento IKN 2025- 2029 está planeado para o período 2025-2029.

Nesta fase, a infra-estrutura principal está orientada para estar pronta a ser ligada à área novas infra-estruturas desenvolvidas após a Fase 1. Além disso, para atingir os KPIs 1O minutos da cidade, tanto as instalações de transporte público primário como secundário foram concebidas para estarem prontas para serem utilizadas em áreas habitadas por residentes do IKN. Na última fase de desenvolvimento, um aumento do número de habitantes dentro do IKN aumentou acentuadamente, juntamente com as fases iniciais de desenvolvimento da universidade líder que incentiva o desenvolvimento da actividade económica baseada na investigação e tecnologia no período de 2035 a 2045. No final da fase

O KIPP é alvo da Fase 1A e parte do Sub-1B BWP I, West IKN iniciou o desenvolvimento na área de Bukit Raya, enquanto que o East IKN acaba de ser construído no lado oeste. Na Fase 2 (e continuada na Fase 3), o plano de desenvolvimento económico desenvolvido inclui 6 clusters industriais e 2 viabilizadores que consistem em: a. o cluster da indústria da agricultura sustentável centrar-se-á na atracção de empresas e agentes industriais interessados em criar bases de fabrico, I&D, e recursos locais a jusante e desenvolver novos produtos de elevado valor acrescentado; os clusters de fabrico baseados nas Novas Energias Renováveis (EBT) centrar-se-ão em atrair o interesse de indústrias pioneiras, tanto de empresas estatais (BUMN) como internacionalmente para construir fábricas de montagem para servir a procura em KIKN e na Indonésia Oriental; c. clusters farmacêuticos integrados estão focados no aumento da disponibilidade de matérias-primas medicinais e produtos farmacêuticos avançados; d. clusters de ecoturismo e turismo de saúde estão focados no desenvolvimento de destinos turísticos em áreas costeiras, parques de vida selvagem, e áreas urbanas que estão integradas com estilo de vida e saúde, bem como no desenvolvimento hoteleiro padrão MICE; e. clusters químicos avançados estão focados na exploração do potencial para a construção de uma nova fábrica petroquímica que está planeada para iniciar a produção em 2030, ao mesmo tempo que monitorizam a oferta e a procura global em todas as categorias de produtos;

clusters de energia com baixo teor de carbono e exploração mineira centram-se na expansão das actividades a montante (produção de energia), atraindo investimentos para actividades de exploração, bem como na utilização de tecnologia melhorada de recuperação de petróleo (EOR) para o aumento da produção dos antigos campos petrolíferos, bem como no desenvolvimento de biocombustíveis; g. cidade inteligente e centro digital começa com o desenvolvimento do conceito Indústria 4.0 para vários sectores existentes, especialmente o sector existente na IKN; bem como h. melhoria da qualidade da educação no século XXI nas escolas secundárias, escolas profissionais e instituições terciárias, de acordo com a estratégia de desenvolvimento necessita de talentos nos sectores económico e industrial que serão desenvolvidos na IKN.Fase 3: 2O3O-2O34 Plano de Desenvolvimento IKN Na Fase 3, o KIPP visado é a Fase 18 Sub-BWP I. Entretanto, a infra-estrutura da área preparada é a seguinte: a. O sistema de transporte público em massa no KIKN. b. Estação de Tratamento de Águas Residuais (IPAL). c. Neste marco, a Estação de Tratamento de Água Potável (IPAM). localizada na área de infra-estruturas centrais com uma capacidade de 50% do plano global é construída e o IPAM é expandido com uma capacidade de cerca de 600/o de planeamento global. d. IPAM.Neste marco, o IPAM está localizado numa área de infra-estruturas um centro com uma capacidade de 50% do planeamento global é construído e o IPAB que está a expandir com uma capacidade de cerca de 600/o de planeamento global. e. A Barragem de Batu Lepek tem estado operacional. f. Instalações de apoio à cidade de Sponge. Áreas de detenção (corredores verdes e azuis) em áreas construídas, bem como construção de instalações de recolha de águas pluviais em edifícios de propriedade do governo, incluindo assentamentos ASN.Tratamento de Resíduos. Aumento da capacidade das instalações existentes. h. Fornecimento de electricidade e energia. Adição da capacidade existente e adição de instalações na região sudeste e ao norte de KIKN. i. Adição de amenidades digitais e urbanas à implementação de soluções inteligentes nas cidades em áreas prioritárias.em 2O3O-2O34 o desenvolvimento industrial e a economia do centro de crescimento, como descrito na fase anterior, é enfatizado na fase de desenvolvimento industrial e continuará com o plano da seguinte forma: a. o cluster da indústria da agricultura sustentável irá concentrar-se em atrair empresas e agentes industriais interessados em estabelecer bases de produção, investigação e desenvolvimento, bem como em aumentar a produção existente sustentável; b. Os pólos industriais baseados no EBT concentrar-se-ão na atracção de pioneiros da indústria, tanto estatais como internacionais, para construir instalações de montagem de painéis solares e veículos eléctricos para servir a procura no KIKN e na Indonésia Oriental; o pólo farmacêutico integrado concentrar-se-á no aumento da produção existente para colher o mercado de exportação, bem como na expansão para o campo de embalagem primária e secundária; d. o pólo de ecoturismo e turismo de saúde concentrar-se-á no desenvolvimento de destinos turísticos em áreas costeiras, parques de vida selvagem, e áreas urbanas integradas com estilo de vida e saúde, bem como no desenvolvimento hoteleiro padrão MICE; e. clusters químicos avançados concentrar-se-ão na melhoria da capacidade de produção e no aproveitamento de oportunidades de exportação; f. clusters de energia com baixo teor de carbono e de mineração concentrar-se-ão na expansão da utilização da tecnologia EOR para aumentar a produção de campos petrolíferos antigos, na actualização da refinaria de petróleo em Balikpapan, no desenvolvimento de uma central de gaseificação de carvão para reduzir a dependência das importações, na

131

expansão das actividades a jusante com o desenvolvimento de centros OEM, bem como na melhoria da reabilitação incremental e da tecnologia para reduzir o impacto ambiental; cidade inteligente e centro digital começa com o desenvolvimento do conceito Indústria 4.0 para vários sectores existentes, especialmente o sector existente na IKN; bem como h. Melhoria da qualidade da educação no século XXI nas escolas secundárias, escolas profissionais, e instituições terciárias de acordo com a estratégia de desenvolvimento necessita de talento nos sectores económicos e industriais que serão desenvolvidos na IKN.Fase 4: Plano de Desenvolvimento IKN para 2035-2039 A Fase 4 é marcada pelo início de rápidos desenvolvimentos no campo da educação e saúde que se tornará a força motriz para outros sectores económicos na IKN. A expansão das áreas urbanas nesta fase atingiu o IKN Norte, especialmente em áreas directamente ligadas ao IKN Leste. Embora relacionado com o KIPP, o desenvolvimento realizado é da Fase 2A e faz parte da Fase 28 Sub- BWP II. As infra-estruturas adicionais na Fase 4 são as seguintes: a. Desenvolvimento de vias férreas regionais para apoiar o IKN. A estação ferroviária regional deverá ter sido construída e estar operacional para poder promover o desenvolvimento económico. b. Identificação do potencial e concepção de outras barragens polivalentes. c. ETAR. d. Expansão da ETAR localizada na zona central de infra-estruturas com cerca de 100% de capacidade. e. IPAM. f. Fornecimento de electricidade e energia. Adição da capacidade existente, bem como instalações adicionais na região nordeste e exploração solar na área norte do IKN. g. Adição de equipamentos digitais e urbanos à implementação de soluções inteligentes na cidade em KIKN. Na fase 4 (e continuando na fase 5), o desenvolvimento económico inclui 6 clusters industriais e 2 viabilizadores que consistem em p seguintes: a. O cluster da indústria da agricultura sustentável centrar-se-á na atracção de empresas e agentes industriais interessados em estabelecer bases de fabrico, I&D, e melhoria contínua da produção existente, bem como atrair agentes industriais para investir em fabrico nutricional. b. O cluster da indústria baseada no EBT centrar-se-á em instalações de montagem de expansão de capacidade para servir uma gama mais vasta de exigências são apoiados o fornecimento de incentivos para o desenvolvimento de capacidades de I&D, e a retirada de novos investimentos em peças sobressalentes e componentes E2W e painéis Sun. c. O cluster farmacêutico integrado concentrar-se-á na melhoria da disponibilidade de matérias-primas medicinais no país, inovação de novos produtos farmacêuticos de base química, produção doméstica de vacinas, e melhoria do mercado de exportação. Os clusters de ecoturismo e turismo de saúde concentrar-se-ão na diversificação de destinos turísticos em zonas costeiras, parques de vida selvagem, e áreas urbanas integradas com estilo de vida e saúde, bem como no desenvolvimento hoteleiro padrão MICE. e. Os clusters químicos avançados concentrar-se-ão na exploração do potencial para atrair o interesse dos fabricantes de especialidades químicas, oportunidades para atrair o interesse dos utilizadores finais petroquímicos em todos os sectores, exploração de oportunidades de mercado exportações de produtos petroquímicos, adição de refinarias para produção de óleo vegetal, adição de fábricas oleoquímicas e de I&D.

Os clusters de energia com baixo teor de carbono e de mineração concentrar-se-ão na expansão da gaseificação do carvão para reduzir a dependência das importações, no reforço dos centros de MOE, na exploração do potencial de desenvolvimento dos biocombustíveis, na melhoria da reabilitação da acumulação e da tecnologia para reduzir o impacto ambiental. g. Cidades inteligentes e centros digitais começam com o desenvolvimento do conceito Indústria 4.0 para vários sectores existentes, bem como a expansão da tecnologia inteligente das cidades como a IA e outros. h. A educação do século XXI centra-se no desenvolvimento de sectores especializados do ensino superior e de campus universitários globais de padrão mundial. A.5 Fase 5: Plano 2O4O-2045 Pe IKN Na Fase 5, espera-se que o desenvolvimento da IKN tenha atingido o seu auge caracterizado por um desenvolvimento industrial contínuo, bem como por um crescimento estável da população. A população KIKN está planeada para atingir 1,9 milhões de pessoas com uma densidade de áreas urbanas que atinge 100 pessoas por hectare. No 2O4O-2O45, o desenvolvimento da área central do centro governamental visado, entre outros, é a fase 2B Sub-BWP II, a fase 3A, e o desenvolvimento da infra-estrutura 3El Sub-

BWP III é visado como tendo sido plenamente desenvolvido, tanto a infra-estrutura de apoio regional como os corredores de transporte de ligação entre os centros de actividade. Para o desenvolvimento industrial desenvolvido no âmbito de 6 clusters industriais e 2 viabilizadores que consistem em p following: O cluster da indústria da agricultura sustentável irá concentrar-se na investigação e desenvolvimento de novos formatos de proteínas, atraindo investidores para começarem a expandir-se para ingredientes nutracêuticos. O cluster da indústria baseada no EBT irá concentrar-se na investigação, desenvolvimento e inovação na exploração tecnológica da próxima geração, bem como nas capacidades de produção ponta-a-ponta de painéis solares e veículos eléctricos com base em novas tecnologias. c. O cluster farmacêutico integrado centrar-se-á na investigação e desenvolvimento contínuo e inovação para expandir as exportações de quotas de mercado e o fornecimento de um fornecimento adequado de matérias-primas e produtos finais a nível interno. d. O cluster do ecoturismo e turismo de saúde centrar-se-á na diversificação dos destinos turísticos, na inovação dos serviços turísticos e no reforço do apoio energético que aumentará a competitividade e a sustentabilidade do turismo. O cluster de produtos químicos avançados está centrado na exploração do potencial para atrair o interesse dos fabricantes de especialidades químicas, oportunidades para atrair o interesse dos utilizadores finais petroquímicos em todos os sectores, exploração das oportunidades do mercado de exportação de produtos petroquímicos, exploração do interesse dos fabricantes de produtos químicos especificamente para os APIs farmacêuticos e novos produtos farmacêuticos. f. Cidades inteligentes e centros digitais começam com o desenvolvimento do conceito Indústria 4.0 para vários sectores existentes, bem como a expansão da tecnologia inteligente das cidades como a IA e outros. h. A educação do século XXI centra-se no desenvolvimento de sectores especializados do ensino superior e de campus universitários globais de padrão mundial. Após 2045, todos os seis clusters continuarão a ser desenvolvidos a partir de inovação e tecnologia para satisfazer as necessidades da produção interna, regional ou global, bem como uma diminuição das exportações e uma expansão na quota de exportações.

Esquema de Financiamento IKN A fim de apoiar a preparação, construção e transferência, bem como na administração do governo especial IKN, o Governo realiza financiamentos sinergéticos provenientes do Orçamento de Receitas e Despesas do Estado (APBN) e outras fontes legais, de acordo com a legislação de disposições regulamentares. Esta sinergia de financiamento é necessária para que haja sustentabilidade fiscal através de vários esforços, entre outros através da optimização do uso regular de esquemas de financiamento criativos e inovadores, mantendo a responsabilidade. As fontes de financiamento referidas são as seguintes: a. APBN que pode ser feito através da atribuição de orçamento e/ou financiamento. b. Esquema de cooperação entre governo e entidades empresariais (PPP) para apoiar o IKN que pode ser implementado com vários esquemas, incluindo: 1) taxas PPP (página do utilizador: a) retorno do investimento sob a forma de pagamentos dos utilizadores; b) prioridade para o fornecimento de infra-estruturas no IKN; c) nos casos em que seja necessário assegurar ainda mais o retorno do financiamento privado, que pode ser dado apoio proveniente do Orçamento de Estado sob a forma de infra-estruturas de garantia, apoio parcial à construção, e/ou apoio à viabilidade do projecto (fundo de capacidade SAP); 2) segmentação PPP a) retorno do investimento sob a forma de pagamento pela disponibilidade de serviços ; b) prioridade para o fornecimento de infra-estruturas no IKN; c) proveniente do APBN através das despesas da pessoa responsável pela cooperação do projecto; d) caso seja necessário assegurar a viabilidade do projecto com esquema de PPP, ao qual pode ser dado apoio proveniente do Orçamento do Estado sob a forma de infra-estruturas de garantia, apoio parcial à construção, e/ou apoio à viabilidade do projecto.Regime de participação para entidades empresariais com a totalidade ou parte do capital detido pelo Estado, incluindo BUMN/sector privado puro, entre outros: 1) BUMN através de investimento que na prática pode funcionar da mesma forma que o privado; 2) BUMN através de cessão do Governo de acordo com as disposições da legislação; e 3) puro privado, através de puro investimento do sector privado que pode ser objecto de incentivos de acordo com as disposições da legislação.Esquema de financiamento/apoio financeiro internacional que é um esquema para facilitar a provisão de fundos, entre outros, de fundos bilaterais/institucionais multilaterais que desejem participar no desenvolvimento do IKN verde e inteligente que pode ser através de subsídios e/ou ajuda financeira. e. Outros esquemas de financiamento financiamento financiamento criativo, tal financiamento e fundos filantrópicos.A fim de maximizar as fontes de financiamento necessárias para o desenvolvimento e implementação do IKN, as fontes de financiamento podem provir da utilização da propriedade estatal (BMN), entre outros através dos seguintes esquemas:a. aluguer: sob a forma de utilização da propriedade estatal realizada por um período de tempo determinado, a fim de obter uma compensação sob a forma de dinheiro; b. cooperação na utilização: o governo pode fornecer terrenos para utilização, enquanto que a construção e operação do edifício ou instalação em construção será realizada pelo promotor como forma de retorno do investimento; bem como c. construção para entrega/construção para entrega: este esquema é quase o mesmo que o procedimento de cooperação na utilização, com entrega de bens realizada directamente após a construção (esquema de entrega), ou no final do período de operação (esquema de entrega). Para optimizar a estrutura para melhorar os serviços, a implementação do esquema de financiamento pode aplicar um padrão de agências de serviço público de gestão financeira, de acordo com os regulamentos estatutários. Além disso, o fornecimento de infra-estruturas pode também utilizar o método de aquisição de bens e serviços de acordo com as disposições estatutárias, tendo em conta as características do desenvolvimento do IKN e em conformidade com a boa governação

# REFERÊNCIAS

## Livro

Ali, As'ad Said. 2014. Al-Qaeda: Tinjauan Sosial Politik, Ideologi dan Sepak Terjangnya. Jacarta: Pustaka LP3ES.

Alo, Liliweri. (2015). Perasangka dan Konflik, Komunikasi Lintas Budaya Masyarakat Multikuktur. Yogyakarta: LKIS.

Anonim. (1990). Sejarah Pemerintahan Di Kalimantan Timur Dari masa Ke Masa. Samarinda: Pemda Tingkat I Kaltim

Ave, Jan B e Victor T King. (1986). Bornéu: O Povo da Floresta Chorão: Tradição e Mudança no Bornéu. Leiden: Museu Nacional de Etnologia.

Badan Pusat Statistik. (2019). Statistik Indonésia 2019

Bappenas. (2017). Orasi Ilmiah Menteri PPN/Kepala Bappenas di Fakultas Ekonomi dan Bisnis Universitas Indonesia: Visi Indonesia 2045 Budiardjo, Miriam. 2000. Dasar-Dasar Ilmu Politik. Jakarta: Gramedia.

Materi Perkuliahan Natureza do Conflito. 2019. Dr.Ichsan Malik, MSc. Universitas Pertahanan

Lexy.J.Moelong. 2004. Metode Penelitian Kualitatif. Bandung.

Tjiptoherijanto, Prijono. 1997. Migrasi, Urbanisasi dan Pasar Kerja di Indonesia. Jacarta: Penerbit Universitas Indonesia.

Bartolini, S. (2005) Reestruturação da Europa: Formação de Centros, Construção de Sistemas, e Estruturação Política entre o Estado Nacional e a União Europeia. Nova Iorque: Imprensa da Universidade de Oxford.

Benington, J. e Hartley, J. (2001), Pilots, paradigmas e paradoxos: Mudanças na governação e gestão do sector público no Reino Unido. Simpósio Internacional de Investigação sobre Gestão do Sector Público (Barcelona)

Burnham, D.H. e Bennett, E.H. (1910) Plano de Chicago. Chicago: O Clube Comercial.

Baiquni M. Membangun Pusat-pusat di Pinggiran. Yogyakarta: Ideias, 2004. Burger D.H. Sejarah Ekonomis Indonesia. Jakarta:

Pradniyaparamita, 1962. BPCB Kaltim. 2018.Jejak Budaya Penajam
Paser Utara.

Bryan S. Turner. 2012. Teori Sosial dan Klasik Sampai Postmodern.
Pustaka Blejar: Yogyakarta

Creswell, J. W. (2003). Concepção da investigação: Métodos
qualitativos, quantitativos, e mistos. Mil carvalhos: Sábio.

Brata, A. G. (2002). Pembangunan Manusia dan Kinerja ekonomi
regional di Indonesia. Jurnal Ekonomi Pembangunan, 7(2), 113-122.

Moleong, J. Lexy. 2014, Metodologi Penelitian Kualitatif, Bandung:
PT. Remaja Rosdakarya.

Sahat Aditua Fandhitya Silalahi. (2019). "Dampak Ekonomi Dan
Risiko Pemindahan Ibu Kota Negara". Jurnal Info Singkat Bidang
Ekonomi dan Kebijakan Publik, Volume 10, Nomor 16, Agustus, hlm.
20-21.

Setyawan, S. (2006). Konteks Budaya Etnis Tionghoa dalam
Manajemen Sumber Daya Manusia. Benefício: Jurnal Manajemen dan
Bisnis, 9(2), 164-170.

Davenport T.H, & Short J.E. (1990) The New Industrial Engineering
Information Technology and Business Process Redesign. Sloan
Management Review, Verão, Vol.31, No.4 Comissão Europeia
(1996). European Sustainable Cities (Cidades Europeias Sustentáveis).
Relatório. Bruxelas.

Coser, Lewis A.. 1968. The Function of Social Conflict. Nova Iorque:
A Imprensa Livre. Gordon, D.L.A. (ed.). (2006) Planning Twentieth
Century Capital Cities. Londres e Nova Iorque: Routledge.

Hall, T. (1997) Planning Europe's Capital Cities: Aspectos do
Desenvolvimento Urbano do Século Nintegénero. Londres: E & FN
Spon.

Hammer, M. e Champy, J. (1993) Reengineering the Corporation A
Manifesto for Business Revolution. Nova Iorque: Harper Collins.

Hofer, C. W., & Sandberg, W. R. (1987). Melhorar o desempenho de
novos empreendimentos: Algumas directrizes para o sucesso.
American Journal of Small Business, 12(1), 11-25.

Howard, E. (1965). Cidades Jardim de amanhã. Cambridge, MA: MIT
Press. (Publikasi pertama Tahun 1898)

Ikhbal A. Perang-perang Paling Berpengaruh di Dunia. Yogyakarta:

Jogja Bangkit Publisher, 2010.

Kristanti, Retno. 2018. "Besoyong Dalam Pesta Adat Belian Paser Nondoi Di Kabupaten Penajam Paser Utara Kalimantan Timur". Hal.1

H.M. Yusuf, Adat dan Budaya Paser (Samarinda : Biro Humas Pemprov. Kalimantan Timur, 2004), 12.

Sonny Harry, B Harmadi 2018. Tribunnews.com

Hasibuan, Malayu.2003. Manajemen Sumber Daya Manusia. Jacarta: Bumi Aksara Kostof, Spiro.1991. The City Shaped: Padrões e Significados Urbanos Através da História. Londres: Tâmisa e Hudson

Le Corbusier. (1924) Rumo a uma Arquitectura.

Mason, S., & Rychard, S. (n.d.). Ferramentas de Análise de Conflitos. Berna: Agência Suíça para o Desenvolvimento e Cooperação.

Mumford, L. (1991). A cidade na história: As suas origens, as suas transformações e as suas perspectivas. Londres: Pinguim. (Terbit pertama kali Tahun 1961)

Tomasko, Robert M. (1992) "Restructuring: getting it right", Management Review, Abril.

Soekamto. Yogyakarta Ibukota Perjuangan. Yogyakarta: Salemba, 2017. Surjomiharjdo. Ki Hajar Dewantara dan Taman Siswa dalam Sejarah Indonesia Moderen. Jakarta: Sinar Harapan, 1986.

Sutrisno. Sejarah Kalimantan. Yogyakarta: Indoliterasi, 2017.

Fisher, S., Ludin, J., Williams, S., Abdi, D. I., Smith, R., & Williams, S. (2001). Mengelola Konflik: Keterampilan dan Strategi untuk Bertindak. Jakarta: SMK Grafika Desa Putra

Hogg, Michael A. e Dominic Abrams. (1988). 1dentificações Sociais:Uma Psicologia Social das Relações Intergrupais e Processos de Grupo. Londres: Routledge. Iqbal, M. Irfan dkk. (2001). Budaya dan Sejarah Kerajaan Paser. Tanah Grogot: PT BHP Kendilo Coal Indonesia dan Bina Lingkungan Hidup Indonesia Kalimantan.

Kemensos. (2019). Sistem Informasi Kesejahteraan Sosial (SIKS).

Koentjaraningratula-se. (2002). Pengantar Ilmu Antropologi. Jakarta: PT. Rineka Cipta Lawer, H. Robert. 1987. Perspective on Social Change. (Edisi Indonesia; terjemahan Alimandan). Jacarta: Bina Aksara.

Lederach, J. (2003). O Pequeno Livro da Transformação do Conflito: Articulação clara dos princípios orientadores por um pioneiro no terreno. A Noruega: Bons Livros.

M., Setiadi Elly & Usman Kolip. (2011). Pengantar Sosiologis Pemahaman Fakta dan Gejala Permasalahan Sosial: Teori, Aplikasi, dan Pemecahannya. Jacarta: Grupo de Imprensa Prenada.

Maunati, Y. (2004). Identitas Dayak, Komodifikasi dan Politik Kebudayaan. Yogyakarta: LKIS.

Nanang, Martono. (2011). Sosiologi Perubahan dan Social (Perspektif Klasik, Modern, Postmodern, dan Poskolonial). Jacarta: PT Rajagrafindo Persada.

Paisol, Burlian. (2016). Patologi Sosial. Jakarta: PT Bumi Aksara.

Stets, J. E., & Burke, P. J. (2000). Teoria da identidade e teoria da identidade social. Psicologia social trimestral, 224-237.

Rietzer, George. 2010. Teori Sosial Postmoderen, diterjemahkan oleh Muhammad Taufik. Yogyakarta: Kreasi Wacana.

Surbakti, Ramlan. 2010. Memahami Ilmu Politik. Jakarta : Gramedia Widiasarana Indonesia.

Sukarna. 1981. Sistem Politik. Bandung: Alumni.

Sugiyono. (2014). Metode Penelitian Pendidikan: Pendekatan Kuantitatif, Kualitatif Dan R&R. Bandung: Alfabeta

Sutaryo. 1992. Dinamika Masyarakat dalam Perspektif Konlik. Yogyakarta: FISIPOL- Universitas Gadjah Mada.

Wijaya, A. (2012). Ensiklopedi Suku-suku Asli Di Kalimantan Timur. Samarinda: Bioma Yayasan

Winardi. (2007). Manajemen Konflik (Konflik Perubahan dan Pengembangan). Bandung: Mandar Maju.

Salim, Agus. (2001). Teori dan Paradigma Penelitian Sosial: dari Denzin Guba dan Penerapannya. Yogyakarta: Tiara Wacana.

**Seminário**

Wongkaren, T. (2019). Seminário Perpindahan Ibu Kota Negara e Implikasinya pada Kehidupan Sosial Penduduk: Proses Kependudukan Pemindahan Ibu Kota Negara. Lembaga Demografi, Fakultas Ekonomi dan Bisnis, Universitas Indonesia Kehinde, A. (1985). The Planning of New Capitak Cities in Developing Countries. Glasgow: Universidade de Glasgow.

Sujana, I. N. (2019). Penguatan Hak Penguasaan Tanah Adat

Masyarakat Hukum Adat di Kalimantan Timur sebagai Rencana Ibu Kota Negara. Seminário de Prosiding Programa Nasional Pascasarjana Universitas Warmadewa Kerjasama Dengan Programa Pascasarjana Universitas Mulawarman, 49-57.
**Revista**

Azahari, D. H. (n.d.). Sawit Indonesia yang Berkelanjutan, Tantangan dan Kebijakan yang Diperlukan. Obtido de Penelitian dan Pengembangan Pertanian:
http://pse.litbang.pertanian.go.id/ind/pdffiles/ragam-5-art07.pdf
Chowdhury, S.D. (2002), Turnarounds: A Stage Theory Perspective, Canadian Journal of Administrative Sciences, Vol. 19 (3), 249- 266.
Ibino, V., Berardi, U., & Dangelico, R. M. (2015). Cidades inteligentes: Definições, dimensões, desempenho, e iniciativas. Journal of Urban Technology, 22(1), 3-21.doi:10.1080/10630732.2014.942092
Iskandar. (2016). IMPLEMENTASI TEORI HIRARKI KEBUTUHAN.
KHIZANAH AL-HIKMAH Vol. 4 No. 1, 25-30.
Park & Choi. (2011) "Jeongchaekonghoyeonhammohyeong (Quadro da Coligação de Advocacia)-e isseoseo jeong chaekjunggaeja (corretor de políticas)-ui yuhyeonggwa yeokhare daehan yeongu: Sejong-si jeongchaeksaryereul jungsimeuro" (Estudo sobre a tipologia e funções dos corretores de políticas no Quadro da Coligação de Advocacia: O Caso da Cidade de Sejong). Haengjeongnonchong (Revista Coreana de Administração Pública), Vol. 49 Rossman, V. (2017) Capital: Variedades e padrões de desenvolvimento e deslocalização. Londres e Nova Iorque: Routledge
Anwar, Kurniadi. (2019). Pemilihan Ibukota Negara Republik Indonesia Berdasarkan Tingkat Kebencanaan. JMB: Jurnal Manajemen Bencana, 5 (2), pp. 1-12.
Claval, Paul. (2000). O Sistema Europeu de Cidades Capital. GeoJournal, 51 (1), pp. 73-81.

Dijkink. Gertjan. (2000). Cidades Capital Europeias como Fronteiras Políticas. GeoJurnal,51 (1), pp. 65-71.

Hutasoit, Wesley Liano. (2018). Analisa Pemindahan Ibukota Negara. Dedikasi,

19(2), pp. 108-128.

Qi, Dong. (2008). Early Capital Cities - The Key Simbol of Early Chinese Civilization. Frontier History in China, 3 (1), pp. 1-11.

Supriyatno, Makmur. (2013). Pertimbangan Pemindahan Ibukota Negara Ditinjau dari Perspektif Geografi Pertahanan. Jurnal Pertahanan & Bela Negara, 3 (1), pp. 1-24

Toun, Nicodemus R. (2018). Analisisis Kesiapan Pemerintah Provinsi Kalimantan Tengah dalam Wacana Pemindahan Ibu Kota Negara Republik Indonesia ke Kota Palangkaraya. Jurnal Academia Praja, 1(1), pp. 129-148.

Wusten, Herman Van der. (2000). The Cityscape of European Capital Cities.

GeoJurnal, 51 (1), pp. 129-133.

Yahya, H. M. (2018). Pemindahan Ibu Kota Negara Maju dan Sejahtera. Jurnal Studi Agama dan Masyarakat, 14(1), pp. 21-30.

**Agência**

Dados de Bakesbangpol da Província de Kalimantan Oriental Dados da Imigração de TP I Samarinda, Polícia de Kalimantan Oriental de Kalimantan Oriental

Dados do Comando Militar VI Dados Mulawarman Dados de Korem 091 Aji Surya Natakesuma Samarinda Gabinete Regional do Ministério da Defesa

dados PT. Pertamina RU V

Presentasi Lembaga Adat Paser pada Minggu, 23 Februari 2020

Presentasi Polda Balikpapan pada Senin, 24 Februari 2020

Presentasi Dosen Universitas Mulawarman pada Selasa, 25 Februari 2020 Presentasi Kesbangpol Samarinda pada Rabu, 26 Februari 2020

Presentasi Dinas Pendidikan Samarinda pada Kamis, 24 Februari 2020

Dinas Ketenagakerjaan dan Transmigrasi Provinsi Kalimantan Timur. (2020). Kondisi Kalimantan Timur.

Disnakertrans Kalimantan Timur. 2019. Paparan Disnakertrans. Samarinda:Disnakertrans Kaltim.

## Sítio Web

Indonesia.go.id. (2019, 12 de Novembro). Ibu kota Negara Impian
Sang Presidente. Recuperado    Maret 10, 2020, da Indonésia.go.id:
https://indonesia.go.id/narasi/indonesia-dalam-angka/ekonomi/ibu-
kota-negara-impian-sang-presiden
http://kominfo.jatimprov.go.id/read/umum/nusantara-resmi- jadi-nama-
ibu-kota-negara-baru-ini-sejarahnya-
https://tirto.id/12-pekerja-asal-cina-tanpa-dokumen-sah-diamankan-di-
kaltim-caYP https://nasional.tempo.co/read/630170/imigran-gelap-
bebas-berkeliaran-di-kaltim
https://www.indonesia.go.id/province/kalimantan-timur.
http://dispenda-kaltimprov.org/?page_id=129
https://www.dw.com/id/pengamat-waspada-potensi-konflik-sosial-
akibat- pemindahan-ibu-kota-negara/a-49840002 diakses pada 19
Januari 2020

Indústria. 2018. Strategi Bisnis: Mencegah Konflik Industrial. Diakses
melalui halaman website Industry.co.id pada hari rabu, 4 Maret 2020
pukul 20:22 WIB. InfoSAWIT.com. (2018, 06 de Abril de 2018).
Pemda Kaltim Gandeng IMN Tangani Konflik di Perkebunan.
Recuperado de Maret 10, 2020, de InfoSAWIT.com:
https://www.infosawit.com/news/7892/pemda-kaltim-gandeng-imn-
tangani- konflik-di-perkebunan
KaltimProv. (2020, Maret 10). 47 Kasus Konflik GUB. Recuperado
Maret 10, 2020, de KaltimProv.go.id:
https://kaltimprov.go.id/berita/47-kasus-konflik-gup Kesbangpol
Kabupaten Indragiri Hulu. 2017. Pemetaan Konflik (Mapeamento de
Conflitos). Diakses melalui halaman website
http://kesbangpol.inhukab.go.id pada hari Rabu, 4 Maret 2020 pukul
16:22 WIB.
Alcorão Kaltara (2020). Biaya Hidup di Balikpapan Makin Mahal.
Recuperado Maret 10, 2020, do Koran Kaltara.com:
http://korankaltara.com/biaya-hidup-di- balikpapan-makin-mahal/
Hairul Huda, Peringkat Daya Saing Kaltim,
https://diswaykaltim.com/2019/12/08/peringkat-daya-saing-kaltim/
Tim Penyusun (2018), Revisi Rencana Aksi Daerah Gas Rumah Kaca

Provinsi Kalimantan Timur Tahun 2010-2030, (Samarinda: Bappeda
Kaltim). https://kaltim.bps.go.id/subject/157/produk-domestik-
regional-bruto--kabupaten- kota-.html#subjekViewTab5
https://kaltim.bps.go.id/pressrelease/2019/05/02/399/indeks-
pembangunan- manusia--ipm--kalimantan-timur-pada-tahun-2018-
mencapai-75-83.html.
https://www.researchgate.net/publication/305492701_PENGELOLAA
N_POTENS I_KONFLIK_ANTARETNI diakses pada 19 Januari
2020.
Kementerian ATR/BPN. (2019, Oktober 10). Reforma Agraria Atasi
Ketimpangan Penguasaan Tanah di Ibu Kota Negara Baru. Obtido de
Kementerian ATR/BPN: https://www.atrbpn.go.id/Berita/Siaran-
Pers/reforma-agraria-atasi- ketimpangan-penguasaan-tanah-di-ibu-
kota-negara-baru-96518
Nugroho, W. (2019, 3 de Setembro). Jokowi Sebut Masyarakat Bisa
Beli Lahan di Ibu Kota Baru, Harganya? Obtido em Kompas.com:
https://nasional.kompas.com/read/2019/09/03/18355701/jokowi-
sebut-masyarakat- bisa-beli-lahan-di-ibu-kota-baru-harganya?page=2
Ristianto, C. (2019, 9 de Setembro). Christoforus Ristianto. Obtido em
Kompas.com:
https://nasional.kompas.com/read/2019/09/09/17234231/kpa-sebut-
banyak-masalah-pada-ruu-pertanahan-apa-saja?page=2
Violleta, P. T. (2020, Januari 16). HuMa catat 346 konflik agraria
terjadi sepanjang 2019. Obtido de ANTARA NEWS:
https:/ / www.antaranews.com/berita/1252806/huma-catat-346-
konflik-agraria- terjadi-sepanjang-2019
KSP. (2019). Kepala staf Preside. Obtido de Laporan Perencanaan Ibu
Kota Negara :
http://webcache.googleusercontent.com/search?q=cache:0ysAwKxVzx
oJ:ksp.go.id
/proses-pemindahan-ibukota-perlu-partisipasi-luas-semua-pemangku-
kepentingan/index.html+&cd=4&hl=en&ct=clnk&gl=id
PTSP. (2017). PTSP Jacarta. Obtido em
http://ptsp.jakarta.go.id/penanaman_modal/files/sektor-
investasi/Potensi-Investasi- Sektor-Air-Bersih.pdf
Fauzi, Gilang. 14 de Novembro de 2016. Jejak Jaringan Teror

Terduga Pelaku Bom Samarinda. Diakses dari
https://www.cnnindonesia.com/nasional/20161114122156-12-
172498/jejak- jaringan-teror-terduga-pelaku-bom-samarinda
Khoemani, Syamsul Anwar. 13 de Novembro de 2016. Bom
Samarinda: Kronologi Ledakan Bom Molotov di Depan Gereja.
Diakses dari
https://news.okezone.com/read/2016/11/13/340/1540152/bom-
samarinda- kronologi-ledakan-bom-molotov-di-depan-gereja
BBC.com. 13 Mei 2016. Serangan Bom di Tiga Gereja Surabaya:
Pelaku Bom Bunuh Diri 'Perempuan yang Membawa Dua Anak'.
Diakses dari https://www.bbc.com/indonesia/indonesia-44097913
Fauzi, Gilang. 14 de Novembro de 2016. Drama Penangkapan
Terduga Pelaku Bom Samarinda. Diakses dari
https://www.cnnindonesia.com/nasional/20161114101711-12-
172435/drama- penangkapan-terduga-pelaku-bom-samarinda
Dina, Angelina. 24 de Junho de 2019. Paham Radikalisme di
Indonesia menurut Ideologi Pancasila. Diakses dari
https://osf.io/preprints/inarxiv/rf46c/
Sofwan, Rinaldy. 17 Januari 2017. Evolusi Jaringan Teroris Indonésia.
Diakses dari
https://www.cnnindonesia.com/nasional/20170117113206-20-
186873/evolusi- jaringan-teroris-indonesia
Tirto.id. 4 Desember 2019. GAM Lahir demi Kedaulatan atas
Kekayaan Alam Aceh. Diakses dari https://tirto.id/gam-lahir-demi-
kedaulatan-atas-kekayaan-alam- aceh-cAMC

Fórum Internacional de ONG sobre Desenvolvimento Indonésio. Juni
2016. Studi tentang Toleransi dan Radikalisme di Indonesia. Diakses
dari https://www.infid.org/wp-
content/uploads/2018/05/Laporan_Riset_Intoleransi-dan-Radikalisme-
di-4-Wilayah-INFID.pdf
https://nasional.kompas.com/read/2019/08/23/17341751/pemindahan-
ibu-kota- dinilai-berpotensi-menimbulkan-potensi-konflik diakses
pada 19 Januari 2020.
https://peraturan.bpk.go.id/Home/Details/198400/uu-no-3-tahun-2022
https://ikn.go.id/storage/regulasi/20220909-peraturan-kepala-otorita-ikn-
12022-otk-ikn.pdf

https://ikn.go.id/storage/regulasi/20220909-peraturan-kepala-otorita-ikn-12022-otk-ikn.pdf

**Leis e regulamentos**

Constituição da República da Indonésia de 1945
Lei nº 3 de 2002 relativa à Lei de Defesa Nacional nº 34 de 2004 relativa ao TNI
Lei n.º 40 de 2007 sobre Sociedades de Responsabilidade Limitada
Lei n.º 6 de 2011 sobre Imigração
Regulamento Presidencial da República nº 125 de 2016 relativo à gestão dos refugiados do Ultramar
Ketetapan MPR RI Nomor IX/MPR/2001 tentang Pembaruan Agraria dan Pengelolaan Sumber Daya Alam
Peraturan Bupati Penajam Paser Utara Nomor 22 Tahun 2019 tentang Pengawasan dan Pengendalian Transaksi Jual/Beli Tanah/ Peralihan Hak Atas Tanah
Peraturan Daerah Nomor 1 tahun 2014 tentang Izin Membuka Tanah Negara Peraturan Menteri Negara Agraria/Kepala Badan Pertanahan Nasional Nomor 1 Tahun 1999 tentang Tata Cara Penanganan Sengketa Pertanahan
Peraturan Menteri Agraria dan Tata Ruang/Kepala Badan Pertanahan Nasional RI Nomor 6 Tahun 2018 Tentang Pendaftaran Tanah Sistematis Lengkap
Peraturan Pemerintah Republik Indonesia Nomor 1 Tahun 2011 tentang Penetapan dan Alih Fungsi Lahan Pertanian Pangan Berkelanjutan
Peraturan Presidente Nomor 10 Tahun 2006 tentang Badan Pertanahan Nasional Peraturan Presidente Nomor 86 Tahun 2018 tentang Penyelenggaraan Sosialisasi Reforma Agraria
Undang-Undang Nomor 5 tahun 1960 tentang Peraturan Dasar Pokokok-Pokok Agraria
Undang Undang Nomor 12 Tahun 2012 tentang Pengadaan Tanah bagi Pembangunan Untuk Kepentingan Umum
Peraturan Pemerintah Nomor 21 Tahun 2008 tentang Penyelenggaraan Penanggulangan Bencana.

Peraturan Pemerintah Nomor 78 Tahun 2007 Tentang Pembentukan, Penghapusan, Dan Penggabungan Daerah. Jakarta.

Profil BPBD Kabupaten Penajam Paser Utara. Profil BPBD Kota Balikpapan.

Profil BPBD Provinsi Kalimantan Timur.

Undang-Undang Nomor 24 Tahun 2007 tentang Penanggulangan Bencana.

## RELATÓRIO

Konsorsium Pembaruan Agraria. (2019). Catatan Akhir Tahun 2018 Konsorsium Pembaruan Agraria. Jakarta: Konsorsium Pembaruan Agraria

Nurdin, I. (2019). Menyoal Potensi Masalah Agraria Ibu Kota Baru. Jakarta: Konsorsium Pembaruan Agraria

Staf Ahli Menteri PPN Bidang Sosial dan Penanggulangan Kemiskinan. (2020).

Kajian Awal Aspek Sosial Pemindahan IKN. Depok: Kementerian PPN/Bappenas.

## ENTREVISTA

Irwansyah, M. (2020, Februari 26). Kantor Wilayah Badan Pertanahan Nasional Provinsi Kalimantan Timur.

Kepolisan Daerah Kalimantan Timur. (2020, Februari 24). Konflik di Kalimantan Timur.

Nanang, M. (2020, Februari 27). Dosen Universitas Mulawarman.

Noor, A. (2020, Februari 23). Lembaga Adat Paser.

Noorchayo, N. D., Rinaldi, A., & Sukandar. (2020, Februari 25). Badan Perencanaan Pembangunan Daerah (Bappeda) Provinsi Kalimantan Timur. Sukapti. (2020, Februari 27). Kaprodi Pembangunan Sosial FISIP Universitas Mulawarman.

Hamdan, H., & Imanudin. (2020, Februari 25). Kesiapan Pemerintah Daerah Provinsi Kalimantan Timur Dalam Rangka Menyambut Ibu Kota Negara baru Dalam Perspektif Politik. (M. A. Irfanuddin, B.

Thesia, & F. Intishardewi, Entrevistadores)

Jahidin, H. (2020, Februari 26). Kesiapan Pemerintah Daerah Provinsi Kalimantan Timur Dalam Rangka Menyambut Ibu Kota Baru Dalam Perspektif Politik. (M. A. Irfanuddin, B. Thesia, & F. Intishardewi, Entrevistadores)

Noorcahyo, N. D. (2020, 27 de Fevereiro). Kesiapan Pemerintah Daerah Provinsi Kalimantan Timur Dalam Rangka Menyambut Ibu Kota Negara Baru Dalam Perspektif Politik. (M. A. Irfanuddin, B. Thesia, & F. Intishardewi, Entrevistadores) Sidik. (2020, 26 de Fevereiro). Kesiapan Pemerintah Daerah Provinsi Kalimantan Timur Dalam Rangka Menyambut Ibu Kota Negara baru Dalam Perspektif Politik. (M. A. Irfanuddin, B. Thesia, & F. Intishardewi, Entrevistadores)

Wawancara Penelitian dengan Kepolisian Daerah Kalimantan Timur pada Senin, 24 Februari 2020 di Kantor Kapolda Kaltim

Wawancara Penelitian dengan Badan Kesatuan Bangsa dan Politik pada Selasa, 26 Februari 2020 di Media Center Badan Kesatuan Bangsa dan Politik Kaltim Wawancara Penelitian dengan Komisi I DPRD Kalimantan Timur pada Rabu, 26 Februari 2020 di DPRD Kalimantan Timur

Wawancara Penelitian dengan KPUD Kalimantan Timur pada Kamis, 27 Februari 2020 di KPUD Kaltim

# PRESIDEN REPUBLIK INDONESIA

## LAMPIRAN I
### UNDANG-UNDANG REPUBLIK INDONESIA NOMOR 3
### TAHUN 2022
### TENTANG
### IBU KOTA NEGARA

PETA DELINEAS! KAWASAN STRATEGIS NASIONAL IBU
KOTA NEGARA

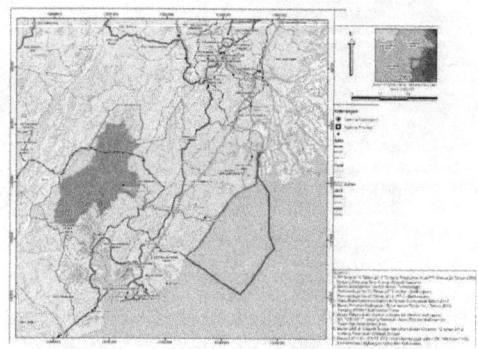

PRESIDEN REPUBLIK INDONESIA,

JOKO WIDODO

# KEMENTERIAN PERTAHANAN RI UNIVERSITAS PERTAHANAN RI

KEMENTERIAN PERTAHANAN RI
UNIVERSITAS PERTAHANAN RI

## DAFTAR RIWAYAT HIDUP

### DATA POKOK

| | |
|---|---|
| NRP / NIDN | : **516772 / 4709106401** |
| NAMA / GELAR | : Dr. I DEWA KETUT KERTA WIDANA, SKM , MKKK_CIQnR , CIQnR ,CIMMR |
| TEMPAT / TGL LAHIR | : TABANAN / 9 OKTOBER 1964 |
| J.KELAMIN | : LAKI-LAKI |
| PANGKAT / GOL. | : MARSEKAL PERTAMA TNI / IV-D |
| TMT PANGKAT | : 29-08-2022 |
| ANGKATAN | : UDARA |
| SUMBER PERWIRA | : SEPAMILWA ABRI I/1986-1987 |
| TMT PA PERWIRA | : 13-02-1987 |
| JABATAN / TMT | : SESPRODI MANAJEMEN BENCANA (01-07-2017 S.D. SEKARANG) |
| | : WADEK FAKULTAS MIPA MILITER (01-09-2020 S.D. 08-09-2022) |
| | : KA BIRO AKADEMIK DAN KEMAHASISWAAN (29-07-2022 S.D. 01-10-2-22) |
| | : CHIEF EDITOR JURNAL MANAJEMEN BENCANA (NOP 2015 S.D NOP 2023) |
| | : DEWAN EDITOR JURNAL VISIONIDA (APRIL 2022 S.D APRIL 2025) |
| JABATAN AKADEMIK | : LEKTOR KEPALA |
| SATKER | : UNIVERSITAS PERTAHANAN RI |
| KODE JABATAN | : - |
| TMT JABATAN | : 01-07-2017 |
| | : 01-09-2020 |
| KATEGORI | : **ORGANIK** |
| TMT.TNI/PNS | : 13-2-1987 |
| TMT KEMHAN | : 24-06-2013 |
| AGAMA | : HINDU |

### NO IDENTITAS

| | | | |
|---|---|---|---|
| NIK | 3175082019640288 | | |
| NO KTA | 20.100.1055 | NO.KARIS/KARSU | - |
| NO LABEL SEC | 005623130804 | NO.KTPA(ASABRI) | DC361656 |
| NO.KARPEG(PNS) | 20-10-1055 | NO.KARTU KPI | |
| NO NPWP | 58.478.523.0-005.009 | NO.REGISTRASI | |
| NO. RANDIS | 3461-08 | | |
| SINTA ID | 6705788 | Google scholar | : Indeks-h 8 |
| SCOPUS ID | 57219182014 | | |
| ORCID ID | 0000-0002-1924-3499 | | |

### DATA LAIN - LAIN

| STATUS KAWIN | : KAWIN | ALAMAT KANTOR | : Unhan RI, Kota IPSC Sentul, Bogor |
|---|---|---|---|
| SUKU BANGSA | : BALI | TELP KANTOR | : 021-2961 8754 |
| ALAMAT RUMAH | PERUMAHAN PULO NIRWANA REGENCY BLOK A / NOMOR 4 RT.004 / RW.007 KEL. PINANGRANTI, JAKARTA TIMUR JL.CARLI KOMPLEK SKADRON LANUD HALIM PERDANAKUSUMA JAKARTA TIMUR | | |
| KODE POS | : 13610 | TELP SELULAR | : 081380920299 |
| | | EMAIL | dkwidana@gmail.com dkwidana@idu.ac.id |

### DATA FISIK

| | | | |
|---|---|---|---|
| TINGGI BADAN | : 174 cm | BENTUK MUKA | : Bulat-lonjong |
| BERAT BADAN | : 82 kg | | |
| UKURAN SEPATU | : 43 | JENIS RAMBUT | : Lurus |
| UKURAN PECI | : 57 | WARNA RAMBUT | : Hitam |
| GOLONGAN DARAH | : B | CIRI KHUSUS | : - |
| UKURAN BAJU | : 15 | | |

# RIWAYAT PANGKAT

| NÃO | PANGKAT | TMT PKT | NOMOR SKEP / KEP | TGL SKEP |
|---|---|---|---|---|
| 1. | LETDA | 13-02-1987 | KEPPRES RI. NO.: 05/ABRI/TAHUN 1987 | 12-02-1987 |
| 2. | LETTU | 01-10-1991 | SKEP/322-TIII/X/1991 | 16-10-1991 |
| 3. | KAPTEN | 01-10-1995 | SKEP/222-T III/IX/1995 | 26-09-1995 |
| 4. | MAIOR | 01-04-1999 | SKEP/57-T III/III/1999 | 15-03-1999 |
| 5. | LETKOL | 01-04-2005 | SKEP/46-T III/III/2005 | 18-03-2005 |
| 6. | KOLONEL | 01-10-2009 | KEPPRES RI NO: 35/TNI/TAHUN 2009. | 17-09-2009 |
| 7. | MARSMA TNI | 29-08-2022 | KEPPRES RI NO:61/TNI/TAHUN 2022 | 29-07-2022 |

# RIWAYAT JABATAN

| NÃO | JABATAN | TMT JAB | NOMOR SKEP / KEP | TGL SKEP |
|---|---|---|---|---|
| 1. | PA ANGGOTA SIKES DISPERSAM LANUD DILI | 13-02-1987 | SKEP/07- M I/II/1987 | 12-02-1987 |
| 2. | PA ANGGOTA RUMKIT LANUD ABD | 01-04-1992 | SKEP/11-PKS/IV/1992 | 11-04-1992 |
| 3. | KA HIGIENE RUMKIT LANUD ABD | 02-05-1994 | SKEP/07-PKS/V/1994 | 27-05-1994 |
| 4. | PAKES RUMKIT LANUD SBY | 01-09-1999 | SKEP/26-PKS/IX/1999 | 09-09-1999 |
| 5. | KASUBSIKESLING SIKESKAMJA SUBDISDUKKES DISKESAU | 01-06-2001 | SKEP/16-PKS/VI/2001 | 06-06-2001 |
| 6. | KASI K-3 SUBDISDUKKES DISKESAU | 01-04-2002 | SKEP/23-PKS/IV/2002 | 17-04-2002 |
| 7. | KASIPA SUBDISBINPROFKES DISKESAU | 24-12-2004 | SKEP/41-PKS/XII/2004 | 21-12-2004 |
| 8. | POKLI GOL.IV LAGOSPRA SARYANTO | 15-01-2009 | KEP/1-PKS/I/2009 | 12-01-2009 |
| 9. | KASUBDISBINPROFKES DISKESAU | 23-03-2010 | KEP/6-PKS/III/2010 | 26-03-2010 |

| | | | |
|---|---|---|---|
| 10. | PAMEN MABES TNI (UNTUKKAPUSLIT EKONOMI PERTAHANAN LPPM UNHAN) | 24-05-2013 | KEP/16-PKS/V/2013 SPRINLAKKASAU NOMOR SPRIN/629/V/2013 TANGGAL 24 MEI 2013 | 24-05-2013 |
| 11. | PAMEN KEMHAN (UNTUKKAPUSLIT EKONOMI PERTAHANAN LPPM UNHAN) | 12-06-2013 | KEP/422/VI/2013 KEP/16-PKS/V/2013 SPRINLAK DANDENMA MABES TNI NOMOR | 17-06-2013 |
| | | | SPRIN/4129/VII/201 3TANGGAL 8 JULI 2013 | |
| 12. | KAPUS PENELITIAN EKONOMI PERTAHANAN LEMBAGA PENELITIAN DAN PENGABDIAN MASYARAKAT UNHAN | 24-06-2013 | KEP/623/VI/2013 KEP/16-PKS/V/2013 SPRINLAK REKTOR UNHAN NOMOR SPRIN/350/VII2013 TANGGAL 4 JULI 2013 | 28-06-2013 |
| 13. | DOSEN TETAP PRODI MANAJEMEN BENCANA FAKULTAS MANAJEMEN PERTAHANAN UNHAN | 01-10-2014 | KEP/1205/M/X/2014 | 17-10-2014 |
| 14. | PENGANGKATAN DALAM JABATAN AKADEMIK DOSEN UNIVERSITAS PERTAHANAN DENGAN PANGKAT "LEKTOR" | 01-12-2014 | KEP REKTOR UNHAN NO: KEP/05/I/2015 | 07-01-2015 |
| 15. | SESPRODI MANAJEMEN BENCANA FAKULTAS KEAMANANAN NASIONAL | 01-07-2017 | KEP/623/VI/2017 KEP/16-PKS/V/2017 SPRINLAK REKTOR UNHAN NOMOR SPRIN/350/VII/2017 TANGGAL 4 JULI 2017 | 01-07-2017 |
| 16. | SERTIFIKASI DOSEN SEBAGAI DOSEN PADA BIDANG ILMU MANAJEMEN PROFESIONAL | 18-07-2017 | NÃO. REGISTRASI: 17147100104205 KEMENTERIAN RISET TEKNOLOGI DAN PENDIDIKAN | 18-07-2017 |

| | | | TINGGI | |
|---|---|---|---|---|
| 17. | WAKIL DEKAN FAKULTAS MIPA MILITER | 19-08-2020 | SPRINT MENHAN RI NO..: SPRIN/999/M/VIII/2020 | 19-08-2020 |
| 18. | PENGANGKATAN DALAM JABATAN AKADEMIK DOSEN UNIVERSITAS PERTAHANAN DENGAN PANGKAT "LEKTOR KEPALA". | 30-06-2021 | KEPUTUSAN MENDIKBUD RISTEK DIKTI NO..: 511/E4/KP/LK/2021 | 30-06-2021 |
| 19. | KEPALA BIRO AKADEMIK DAN KEMAHASISWAAN UNIVERSITAS PERTAHANAN RI | 29-08-2022 | KEPUTUSAN PANGLIMA TNI NOMOR KEP/700/VII/2022 TANGGAL 29 JULI 2022 | 29-07-2022 |
| 20 | PAMEN MABES TNI AU | 29-09-2022 | KEPUTUSAN PANGLIMA TNI NOMOR KEP/700/IX/2022 TANGGAL 29 SEPT 2022 | 29-09-2022 |
| | | | | |
| PENUGASAN SEBAGAI PENGELOLA JURNAL ILMIAH | | | | |
| 19. | CHEFE DE REDACÇÃO JURNAL MANAJEMEN BENCANA (JURNAL NASIONAL TERAKREDITASI SINTA 5) | 11-11-2019 (PERIODE 2019 S.D 2023) | SPRIN REKTOR UNIVERSITAS PERTAHANAN NO:SPRIN/2654/XI/2019 | 11-11-2019 |
| 20. | EDITOR REDAKSI JURNAL VISIONIDA (JURNAL NASIONAL TERAKREDITASI SINTA 6) | 23-04-2022 (PERIODE 2022 S.D 2025) | KEP DEKAN FE UNIVERSITAS DJUANDA BOGOR NO:03/01/FE/S-KPT/IV/2022 | 23-04-2022 |

# RIWAYAT PENDIDIKAN UMUM

| NĀO | JENIS / NAMA PENDIDIKAN | TAHUN | KETERANGAN |
|---|---|---|---|
| 1. | SDN MANDUNG TABANANAN | 1971-1976 | LULUS |
| 2. | SMP HARAPAN TABANAN | 1977-1980 | LULUS |
| 3. | SMAN 2 TABANAN | 1980-1983 | LULUS |
| 4. | APK DEPKES SURABAYA (IKATAN DINAS) | 1983-1986 | LULUS |
| 5. | S1-FKM UNIVERSITAS AIRLANGGA | 1999-2001 | LULUS-CUMLAUDE WISUDAWAN TERBAIK-2 |
| 6. | S2-FKM UNIVERSITAS INDONÉSIA | 2004-2006 | LULUS-CUMLAUDE WISUDWAN TERBAIK-1 |
| 7. | S3-MSDM UNIVERSITAS NEGERI JAKARTA | 2014-2017 | LULUS-CUMLAUDE (26-01-2017) |
| 8. | SERTIFIKASI DOSEN PROFESIOANL (SERDOS) | 18-07-2017 | LULUS |
| 8. | SERTIFIKASI INTERNASIONAL PENELITI KUANTITATIF | 20-07-2020 | LULUS |
| 9. | SERTIFIKASI INTERNASIONAL PENELITI KUALITATIF | 16-08-2020 | LULUS |
| 10. | SERTIFIKASI ABORDAGEM APLICADA (AA) | 01-12-2021 | LULUS |
| 10. | SERTIFIKASI INTERNASIONAL PENELITI MÉTODOS MISTURADOS | 22-02-2022 | LULUS |

# RIWAYAT PENDIDIKAN PEMBENTUKAN

| NĀO | JENIS / NAMA PENDIDIKAN | TAHUN | KETERANGAN |
|---|---|---|---|
| 1. | SEPAMILWA ABRI GEL I 86/87 AKMIL MAGELANG | 1986-1987 | LULUS-RANKING 3 |
| 2. | SELIHPA VII, LANUD ADI SUMARMO | 1992-1992 | LULUS RANKING 3 |
| 3. | SEKKAU LXI, KODIKAU JAKARTA | 1996-1997 | LULUS-RANKING 2 |
| 4. | SESKOAU XLIV, LEMBANG | 2007-2007 | LULUS-RANKING 3 |
| | | | |

# RIWAYAT PENUGASAN KE LUAR NEGERI

| NÃO | NEGARA / KOTA | TAHUN | KETERANGAN |
|---|---|---|---|
| 1. | TAILÂNDIA | 2016 | DOSEN PEMBIMBING KKLN PRODI MB-FKN |
| 2. | PHILIPHINA | 2017 | DOSEN PEMBIMBING KKLN PRODI MB-FKN |
| 3. | JEPANG | 2018 | DOSEN PEMBIMBING KKLN PRODI MB-FKN |
| 4. | TAILÂNDIA | 2018 | DESENVOLVIMENTO DE CAPACIDADES SEM AITA-AIT E BURAPHA UNIVERSIDADE CHONBURI THAILAND |
| 5. | SEPANYOL | 2019 | DESENVOLVIMENTO DE CAPACIDADES PARA COMILLAS PONTIFICAL UNIVERSIDADE MADRID SPANYOL |
| 6. | JEPANG | 2019 | DOSEN PEMBIMBING KKLN PRODI MB-FKN |

# RIWAYAT TANDA JASA

| NÃO | NAMA TANDA JASA | NOMOR SKEP | TGL SKEP |
|---|---|---|---|
| 1. | SATYA LANCANA "SEROJA | SKEP MENHANKAM NOMOR : SKEP/91/XII/1987 | 01-12-1987 |
| 2. | SATYA LANCANA "SEROJA | SKEP MENHANKAM NOMOR : SKEP/10/III/1990 | 30-03-1990 |
| 3. | SATYA LANCANA "SEROJA | SKEP MENHANKAM NOMOR : SKEP/027/VII/1995 | 17-09-1995 |
| 4. | SATYA LANCANA "KESETIAAN VIII" | SKEP PANGLIMA ABRI NOMOR : SKEP/042/III/1996 | 23-04-1996 |
| 5. | SATYA LANCANA "KESETIAAN XVI" | SKEP PANGLIMA TNI NOMOR : SKEP/083/IV/2003 | 23-04-2003 |
| 6. | SATYALANCANA "DWIDYA SISTHA" | SKEP PANGLIMA TNI NOMOR ; SKEP/13/I//2006 | 25-01-2006 |
| 7. | SATYA LANCANA "KESETIAAN XXIV" | PRESIDENTE KEPUTUSAN RI NOMOR : 34/TK/2012 | 19-04-2012 |
| 8. | SATYALANCANA "SOSIAL KEBHAKTIAN" | PRESIDENTE KEPUTUSAN RI NOMOR: 94/TK/TAHUN 2013 | 16-12-2013 |
| 9. | BINTANG "SWA BHUWANA PAKSA NARARIYA" | KEPUTUSAN PRESIDENTE RI NOMOR: 4/TK /TAHUN 2014 | 12-02-2014 |
| 10. | PIAGAM TANDA KEHORMATAN SATYALANCANA "DIRGANTARA DHARMA" | KEPUTUSAN PRESIDENTE RI NOMOR: 129/TK/TAHUN 2017 | 13-12-2017 |
| 11. | PIAGAM PERNGHARGAAN REKTOR UNIVERSITAS PERTAHANAN SEBAGAI | KEPUTUSAN REKTOR UNHAN RI NOMOR: PP/05/REKTOR/III/ | 20-02-2019 |

| | | | |
|---|---|---|---|
| | DOSEN BERPRESTASI BIDANG MASYARAKAT PENGABDIANO KEPADA | 2019 | |
| 12 | PIAGAM TANDA KEHORMATAN SATYALANCANA "KESETIAAN XXXII" | PRESIDENTE KEPUTUSAN RI NOMOR: 134/TK/TAHUN 2019 | 16-12-2019 |
| 13. | PIAGAM PENGHARGAAN REKTOR UNIVERSITAS PERTAHANAN SEBAGAI SESPRODI TERBAIK | KEPUTUSAN REKTOR UNHAN RI NOMOR: PP/104/REKTOR/III/2022 | 11-03-2022 |
| 14. | PIAGAM TANDA KEHORMATAN PRESIDEN RI BINTANG YUDHA DHARMA NARARYA | KEPUTUSAN PRESIDENTE RI NOMOR: 32/TK/TAHUN 2022 | 05-04-2022 |

## PENGUASAAN BAHASA

| NĂO | NAMA BAHASA | KETERANGAN |
|---|---|---|
| 1. | INGGRIS | AKTIF/PASIF |
| 2. | INDONÉSIA | AKTIF/PASIF |
| 3. | DAERAH (BALI) | AKTIF/PASIF |
| 4. | DAERAH (JAWA) | AKTIF/PASIF |

## RIWAYAT KELUARGA

| NĂO | NAMA KELUARGA | JENIS KELAMIN /TGL LAHIR | HUBUNGAN |
|---|---|---|---|
| 1. | EKE C.ANDRIANI. SH. (PNS IV/C JAKSA KEJAKSAAN AGUNG RI) | PEREMPUAN/ SURAKARTA, 04-04-1966 | ISTERI |
| 2. | dr. DEWA GEDE CHRISWIDARMA, S.KED (PNS RUMAH SAKIT KOTA MALANG) | LAKI-LAKI/ SURABAYA,06-10-1990 | ANAK KANDUNG |
| 3. | DEWA MADE KRISNANDIKA, S.H (PNS KEJAKSAAN NEGERI MATARAM) | LAKI-LAKI/ MALANG,28-06-1996 | ANAK KANDUNG |

## PENELITIAN DAN PUBLIKASI KARYA ILMIAH

| Nã o. | Tahun | Judul | Penerbit/Jurnal | Keterangan |
|---|---|---|---|---|
| 1 | 2022 | Resiliência Comunitária a Catástrofes e Alterações Climáticas a Apoiar o Desenvolvimento Sustentável Dentro e Depois da Covid-19 Pandemia Anggiat Purba, I Dewa Ketut Kerta Widana, Siswo Hadi Sumantri, Anwar Kurniadi, Ersha Mayori | Technium Social Science Journal, Vol.33, (2022) https://techniumscience.c om/index.php/soci alscienc es/article/view/688 0 | Jurnal Terindeks internos Copernicus |
| 2. | 2022 | A Influência do Bem Estar Psicológico e da Liderança Serviçal na Prontidão de Combate do 469º Batalhão de Comando Paskhas na Execução da Operação Sri Hastuti Handayani, I Dewa Ketut Kerta Widana, Eko G. Samudro, Ersha Mayori | Technium Social Science Journal, Vol.32, (2022) https://techniumscience.c om/index.php/soci alscienc es/article/view/662 7 | Jurnal Terindeks internos Copernicus |
| 3. | 2022 | Lição aprendida Dari Kecelakaan Reaktor Nuklir Fukushima Daiichi Untuk Meningkatkan Mitigasi Reaktor Serba Guna Gerrit Augustinus Siwabessy (RSG-GAS) Dewi Prima Meiliasari, Berton Suar Panjaitan, I Dewa Ketut Kerta Widana, Rio Khoirudin Apriadi, Dwi Cahyadi | PENDIPA Journal of Science Education, Vol. 6, No. 2, (2022) https://ejournal.uni b.ac.id/i ndex.php/pendipa/ article/ download/20232/9 467 | Jurnal Nasional Terakredita si Sinta 4 |
| 4. | 2022 | Característica Sócio-Geospacial das Comunidades Afectadas por Catástrofes Hidrometeorológicas Contemporâneas Durante | Technium Social Science Journal, Vol.29, (2022) | Jurnal Terindeks internasion al Copérnico |
| | | A Pandemia de Covid-19 no Sub-Distrito de Cimanggung, Distrito de Sumedang ... Wilopo Wilopo, Poetika Puspasari, Sobar Sutisna, Syamsul Maarif, I Dewa Ketut Kerta | https://techniumsci ence.c om/index.php/soci alscienc es/article/view/613 7 | |

| | | Widana | | |
|---|---|---|---|---|
| 5. | 2022 | Lição aprendida do Japão para a Redução do Risco de Catástrofes na Indonésia Titisari Haruming Tyas, Sobar Sutisna, Makmur Supriyatno, I Dewa Ketut Kerta Widana, Ahmad Fatkul Fikri | Technium Social Science Journal, Vol. 28, (2022) https://www.techniumscie nce.com/index.php /social ciências/artigo/vis ão/5743 | Jurnal Terindeks internos Copernicus |
| 6. | 2022 | Preparação da Agência Regional de Gestão de Catástrofes do Distrito de Bantul para o tsunami em Parangtritis Beach, Indonésia Islamia Kharimah, Endro Legowo, Ernalem Bangun, I Dewa Ketut Kerta Widana | Technium Social Science Journal, Vol. 28, (2022) https://techniumsci ence.c om/index.php/soci alscienc es/article/view/589 0 | Jurnal Terindeks internos Copernicus |
| 7. | 2022 | Capacidade de organização do Hospital de Emergência Covid-19 Wisma Atlet Kemayoran no tratamento da pandemia de Covid-19 Dandung Ruskar, Yuli Subiakto, Bambang Wahyudi, I Dewa Ketut Kerta Widana | Technium Social Science Journal, Vol. 28, (2022) https://www.techniumscie nce.com/index.php /ciências sociais/article/vie w/5882 | Jurnal Terindeks internos Copernicus |
| 8. | 2022 | Pancasila como a Fundação da Defesa do Estado Face à Ameaça de Distegrafia da Nação indonésia Umar Farouq, IDK Kertawidana, Haposan Simatupang | Randwick International of Social Science Journal, Vol. 3, No. 1, (2022) http://www.randwi ckresea rch.com/index.php /rissj/art icle/view/382 | Jurnal Internasion al Terindeks Copernicus |
| 9. | 2022 | Memperkokoh Pancasila Sebagai Pondasi Bela Negara Sebagai Strategi Kampanye Militer Umar Farouq, IDK Kertawidana, Haposan Simatupang | Jurnal Inovasi Penelitian, Vol.2, No. 8, (2022) https://stp-mataram.e-journal.id/JIP/artic le/view/ 1133 | Jurnal Nasional Terindeks GARUDA |

| | | | | |
|---|---|---|---|---|
| 10. | 2022 | A avaliação do Programa Aldeia Resiliente a Catástrofes para apoiar questões de Segurança Nacional I Kerta Widana, Dewa Ketut, Fauzi Bahar, Ersha Mayori, Emanuel Ario Bimo | Technium Social Science Journal, Vol. 27, (2022) https://heinonline. org/hol- cgi-bin/get_pdf.cgi?ha ndle=h ein.journals/techssj 27&se ction=51 | Jurnal Terindeks internos Copernicus |
| 11. | 2022 | Assistência humanitária e assistência em catástrofes na perspectiva da Política de Defesa da Indonésia Eko G Samudro, I Kerta Widana | Technium Social Science Journal, Vol. 27, (2022) https://heinonline. org/hol- cgi-bin/get_pdf.cgi?ha ndle=h ein.journals/techssj 27&se ction=55 | Jurnal Terindeks internos Copernicus |
| 12. | 2021 | Banhos de Floresta: Uma Nova Atracção e Mitigação de Catástrofes para Batur UNESCO Geopark Global Bali EJ Mihardja, DAP Sari, IDKK Widana, C Ridhani, IGW Suyasa | Série de Conferências PIO: Ciência da Terra e do Ambiente, (2022) https://iopscience.i op.org/ article/10.1088/17 55-1315/940/1/01200 8/meta | Prosiding Internasion al Terindeks Scopus Q4 |
| 13. | 2021 | Potenciais riscos de catástrofes sanitárias devido à qualidade da água do rio Ciliwung em Jacarta DKI RK Apriyadi, T Winugroho, IDKK Widana, A Subiyanto | Série de Conferências PIO: Ciência da Terra e do Ambiente, (2022) https://iopscience.i op.org/ article/10.1088/17 55-1315/886/1/01209 4/meta | Prosiding Internasion al Terindeks Scopus Q4 |
| 14. | 2021 | A Preparação das Comunidades em torno das Empresas Industriais Cilacap em Face aos Tratamentos de Tsunami Widana I. Dewa Ketut Kerta1* , Kharis Faisol Abdul1 e Fendiyanto Miftahul Huda2 | Disaster Advances Vol. 14 (9) Setembro (2021) https://worldresear chersa ssociations.com/di sascurri ssue/7.pdf | Jurnal Terindeks Scopus internasion al Q4 |

| 15. | 2021 | Potencial de espécies exóticas invasoras Clidemia hirta como antibacteriano contra Salmonella typhi e Staphylococcus aureus MP Pratami, MH Fendiyanto, RD Satrio, IDKK Widana, IA Nikmah | Biodiversitas Journal of Biological Diversity 22 (6) https://www.scopu s.com/r ecord/display.uri?e id=2- s2.0- 85108449943&ori gin=res ultslist | Jurnal Terindeks Scopus internasion al Q3 |
|---|---|---|---|---|
| 16. | 2021 | Expressão diferencial de metabolitos hierárquicos de Salacca Sumatrana arillus vermelho/branco e os seus estudos de ancoragem molecular MH Fendiyanto, RD Satrio, IDKK Widana, MP Pratami, IA Nikmah | Biodiversitas Journal of Biological Diversity 22 (2) https://www.scopu s.com/r ecord/display.uri?e id=2- s2.0- 85100294889&ori gin=res ultslist | Jurnal Terindeks Scopus internasion al Q3 |
| 17. | 2021 | Análise da potencial catástrofe na nova capital da indonésia e dos seus esforços de mitigação: Uma abordagem qualitativa ASHBZM Hayatul Khairul Rahmat, I Dewa Ketut Kerta Widana | Desastres Avança 14 (3), 40-43 https://www.scopu s.com/r ecord/display.uri?e id=2- s2.0- 85102302088&ori gin=res ultslist | Jurnal Terindeks Scopus internasion al Q4 |
| 18. | 2021 | Pembangunan Kawasan Pemukiman Dengan Konsep Kebencanaan di Kabupaten Bogor A Amirudin, S Maarif, IDKK Widana | Jurnal Manajemen Bencana (JMB) 7 (1) https://scholar.goo gle.com /scholar?oi=bibs& cluster= &btnI=1&hl=pt http://jurnalprodi.i du.ac.id | Jurnal Nasional Terakredita si Sinta-5 |
| 19. | 2021 | Conhecimento e atitudes dos líderes da BNPB face à ameaça de desastre nuclear | Série de Conferências PIO: Terra e Ambiente | Prosiding Internasion al |
| | | na Indonésia: expectativa e realidade - ICDM 2020 IDKK Widana, D Apriliani, S Maarif, K Adri | Ciência, Volume 708, 2º ICDM 2020. https://www.scopu s.com/r ecord/display.uri?e id=2- s2.0- 85105270724&ori gin=res ultslist | terindeks Scopus Q4 |

| 20. | 2021 | Prefácio dos destrutivos m<5 terramotos na ilha de Java, 2015-2019 AM Julius, Daryono, IDKK Widana | Série de Conferências PIO: Ciência da Terra e do Ambiente, Volume 708, 2º ICDM 2020. https://www.scopus.com/r ecord/display.uri?e id=2-s2.085105355356 &origin = lista de resultados | Prosiding Internasion al terindeks Scopus Q4 |
|---|---|---|---|---|
| 21. | 2021 | O Impacto da Pandemia da COVID-19 nas Trabalhadoras da Vida Social E Bangun, IDKK Widana | Série de Conferências PIO: Ciência da Terra e do Ambiente, Volume 708, 2º ICDM 2020. https://www.scopus.com/r ecord/display.uri?e id=2- s2.0-85105355356&ori gin=res ultslist | Prosiding Internasion al terindeks Scopus Q4 |
| 22. | 2021 | O papel da comunicação como redução do risco de desastres na política de transferência de capital da Indonésia Z Khumairoh, IDKK Widana, SH Sumantri | Série de Conferências PIO: Ciência da Terra e do Ambiente, Volume 708, 2º ICDM 2020. https://www.scopus.com/r ecord/display.uri?e id=2- s2.0-85105284417&ori gin=res ultslist | Prosiding Internasion al terindeks Scopus Q4 |
| 23. | 2021 | Breve formação para melhorar os conhecimentos de gestão de catástrofes a nível básico: A antes e depois do estudo JA Bohariand, IDKK Widana | Série de Conferências PIO: Ciência da Terra e do Ambiente, Volume 708, 2º ICDM 2020. https://www.scopus.com/r ecord/display.uri?e id=2- s2.0-85105343885&ori gin=res ultslist | Prosiding Internasion al terindeks Scopus Q4 |

| 24. | 2021 | Resiliência: Um novo conceito para lidar com o desastre hidrometeorológico e sua aplicação a nível provincial na Indonésia<br>A Subiyanto, IDKK Widana, AM Julius | Série de Conferências PIO: Ciência da Terra e do Ambiente, Volume 708, 2° ICDM 2020. https://www.scopu s.com/r ecord/display.uri?e id=2- s2.0- 85105273609&ori gin=res ultslist | Prosiding Internasion al terindeks Scopus Q4 |
|---|---|---|---|---|
| 25. | 2021 | Karakteristik Historik Bencana Indonesia Periode 1815-2019 Berdasarkan Jumlah Bencana, Kematian, Keterpaparan dan Kerusakan Rumah Akibat Bencana<br>J Fitriyani, RK Apriyadi, T Winugroho, D Hartono, IDKK Widana, W Wilopo | PENDIPA Journal of Science Education 5 (3), 322-327 https://doi.org/10.3 3369/pendi pa.5.3.322-327 | Jurnal Nasional Terakredita si Sinta 4 |
| 26. | 2021 | LAFIAL: Pandemi COVID-19 Sebagai Momentum Kemandirian Industri Farmasi Menuju Ketahanan Kesehatan Nasional<br>D Ruskar, S Hastuti, H Wahyudi, IDKK Widana, RK Apriyadi | PENDIPA Journal of Science Education 5 (3), 300-308 https://doi.org/10.3 3369/pendi pa.5.3.300-308 | Jurnal Nasional Terakredita si Sinta 4 |
| 27. | 2021 | Kesiapsiagaan Bencana Berbasis Komunitas Perkotaan<br>A Aprilyanto, RK Apriyadi, T Winugroho, IDKK Widana, W Wilopo | PENDIPA Journal of Science Education 5 (3), 284-291 https://doi.org/10.3 3369/pendi pa.5.3.284-291 | Jurnal Nasional Terakredita si Sinta 4 |
| 28. | 2021 | Análise de Catástrofe Potencial na Nova Capital da Indonésia e os seus Esforços de Mitigação: Uma Abordagem Qualitativa ASHBZM Hayatul Khairul Rahmat, I Dewa Ketut Kerta Widana | Desastres Avança 14 (3), 40-43 https://www.scopu s.com/r ecord/display.uri?e id=2- s2.0- 85102302088&ori gin=res ultslist | Jurnal Terindeks Scopus internasion al Q4 |

| 29. | 2021 | Pelajaran pada Manajemen Bencana di Jepang untuk Tujuan Pembangunan Berkelanjutan di Indonesia AR Savitri, AM Julius, AW Sandi, FA Hakim, N Widyaningrum, SK Sakti, IDK Kerta Widana | NUSANTARA: Jurnal Ilmu Pengetahuan Sosial 8 (1), 142-157 https://scholar.goo gle.co.i d/scholar?oi=bibs &cluster =13944810006413 87252 3&btnI=1&hl=id | Jurnal Nasional Terakredita si Sinta 5 |
|---|---|---|---|---|
| 30. | 2021 | Pendidikan dan Literasi Bencana dalam Kerangka Tri Sentra Pendidikan untuk Generasi Tangguh Bencana Bondan Prakoso, I Dewa Ketut Ketut Kerta Widana, Adi Subiyanto | Jurnal Manajemen Bencana (JMB) 7 (1) \| vol: \| edição : \| 2021 https://scholar.goo gle.co.i d/scholar?oi=bibs &cluster =13944810006413 87252 3&btnI=1&hl=id | Jurnal Nasional Terakredita si Sinta-5 |
| 31. | 2021 | Kebijakan Pertahanan Negara dalam Mendukung Pembangunan untuk Kesejahteraan Masyarakat | NUSANTARA: Jurnal Ilmu Pengetahuan Sosial 8 (1), 42-50 | Jurnal Nasional Terakredita si Sinta 5 |
| | | T Suroso, FA Hakim, IDKK Widana, W Wilopo | https://scholar.goo gle.co.i d/scholar?oi=bibs &cluster =13944810006413 87252 3&btnI=1&hl=id | |
| 32. | 2021 | Mudança de Tarefas como Abordagem para Melhorar a Qualidade dos Cuidados Farmacêuticos no Hospital de Urgência Covid-19 Wisma Atlet Kemayoran D Ruskar, RK Apriyadi, M Helmi, I Widana, T Nurrobi, T Ratmono | International Journal of Pharmaceutical Research, 2568-2575 https://scholar.goo gle.com /scholar?oi=bibs& cluster= &btnI=1&hl=en | Jurnal Internasion al Bereputasi |

| 33. | 2021 | Análise do Nível Escolar de Segurança em Catástrofes na Costa Oeste da Regência de Pandeglang, Indonésia K Widana, I Dewa, F Asmaniati, SP Djati, R Ingkadijaya | Technium Soc. Sci. J. 20, 961 https://scholar.goo gle.com /scholar?oi=bibs& cluster= &btnI=1&hl=en | Jurnal Internasion al Bereputasi |
|---|---|---|---|---|
| 34. | 2021 | Upaya Mitigasi Bencana Banjir di Kabupaten Pidie Jaya Provinsi Aceh untuk Mendukung Keamananan Nasional I Kharimah, D Wahyuni, A Aprilyanto, IDKK Widana | PENDIPA Journal of Science Education 6 (1), 57-63 DOI: https://doi.org/10.3 3369/ pendipa.6.1.57-63 | Jurnal Nasional Terakredita si Sinta 4 |
| 35. | 2021 | Kajian Risiko Bencana Berdasarkan Jumlah Kejadian dan Dampak Bencana di Indonesia Periode Tahun 2010-2020 RK Apriadi, RT Januarti, T Winugroho, S Yulianto, W Kurniawan, ... | PENDIPA Journal of Science Education 6 (1), 35-40 DOI: https://doi.org/10.3 3369/ pendipa.6.1.35-40 | Jurnal Nasional Terakredita si Sinta 4 |
| 36. | 2020 | Estimasi Ancaman Gempabumi dan Tsunami di Kabupaten Pidie Jaya Aceh untuk Mendukung Keamananan Nasional RK Apriyadi, W Kurniawan, S Yulianto, S Syamsunasir, IDKKK Widana, ... | PENDIPA Journal of Science Education 6 (1), 1-7 DOI: https://doi.org/10.3 3369/ pendipa.6.1.1-7 | Jurnal Nasional Terakredita si Sinta 4 |
| 37. | 2020 | Sosialisasi Lapangan Pasca Bencana Gempabumi Dan Tsunami di Sulawesi Tengah Tahun 2018 AM Julius, C Nugroho, SD Anugrah, H Leopatty, T Yatimantoro, IDK Kerta Widana | Jurnal Manajemen Bencana (JMB) 6 (2) https://scholar.goo gle.com /scholar?oi=bibs& cluster= &btnI=1&hl=en | Jurnal Nasional Terakredita si Sinta-5 |
| 38. | 2020 | Kesiapsiagaan Pemerintah Kabupaten Brebes Dalam Menghadapi Bencana Banjir Dimasa Pademi Covid-19 AF Fikri, S Maarif, IDKK Widana, TH Tyas | Jurnal Ilmu Pemerintahan Widya Praja 46 (2), 335-342 | Jurnal Nasional Terakredita si |
| | | | https://scholar.goo gle.com /scholar?oi=bibs& cluster= &btnI=1&hl=en | |

| 39. | 2020 | Pengelolaan Obyek Pariwisata Menghadapi Potensi Bencana di Balikpapan sebagai Penyangga Ibukota Negara Baru<br>FA Hakim, J Banjarnahor, RS Purwanto, HK Rahmat, IDKK Widana | NUSANTARA: Jurnal Ilmu Pengetahuan Sosial 7 (3), 607-612<br>https://scholar.goo gle.com /scholar?oi=bibs& cluster= 761799699770377 9883& btnI=1&hl=pt | Jurnal Nasional Terakredita si Sinta 5 |
|-----|------|------|------|------|
| 40. | 2020 | Sinergitas Komando Resor Militer 043/Garuda Hitam dengan Pemerintah Provinsi Lampung dalam Penanggulangan Bencana Alam<br>MS Kodar, HK Rahmat, IDKK Widana | NUSANTARA: Jurnal Ilmu Pengetahuan Sosial 7 (2), 437-447<br>https://scholar.goo gle.com /scholar?oi=bibs& cluster= 179375434411081 94749 &btnI=1&hl=pt | Jurnal Nasional Terakredita si Sinta 5 |
| 41. | 2020 | Kapabilitas Badan Penanggulangan Bencana Daerah Kota Balikpapan dalam Penanggulangan Bencana Kebakaran Hutan dan Lahan<br>H Syarifah, DT Poli, M Ali, HK Rahmat, IDKK Widana | NUSANTARA: Jurnal Ilmu Pengetahuan Sosial 7 (2), 398-407<br>https://scholar.goo gle.com /scholar?oi=bibs& cluster= 153356551023217 74866 &btnI=1&hl=pt | Jurnal Nasional Terakredita si Sinta 5 |
| 42. | 2020 | Peranan BMKG Stasiun Geofisika Balikpapan Dalam Mendukung Informasi Gempabumi Donggala Tahun 2018<br>I Fadlurrahman, IDKK Widana, AM Julius, AR Savitri | NUSANTARA: Jurnal Ilmu Pengetahuan Sosial 7 (2), 387-397<br>https://scholar.goo gle.com /scholar?oi=bibs& cluster= &btnI=1&hl=en | Jurnal Nasional Terakredita si Sinta 5 |
| 43. | 2020 | Peran Pangkalan Tni Al Balikpapan Dalam Penanggulangan Bencana Alam Di Wilayah Kerjanya<br>BA Nugraha, IDKK Widana, W Wilopo, R | NUSANTARA: Jurnal Ilmu Pengetahuan Sosial 7 (2), 352-360<br>https://scholar.goo | Jurnal Nasional Terakredita si Sinta 5 |

| | | Hidayat, SK Sakti | gle.com /scholar?oi=bibs& cluster= &btnI=1&hl=en | |
|---|---|---|---|---|
| 44. | 2020 | Analisisis Implementasi Program Sekolah Aman Bencana (Sab) Di Desa Gunung Geulis Kecamatan Sukaraja Kabupaten Bogor SK Sakti, IDKK Widana | NUSANTARA: Jurnal Ilmu Pengetahuan Sosial 7 (2), 421-426 https://scholar.goo gle.com /scholar?oi=bibs& cluster= &btnI=1&hl=en | Jurnal Nasional Terakredita si Sinta 5 |
| 45. | 2020 | Pingukuran Kecepatan Gelombang Seismik Menggunakan Metode Refraksi Pada Lapisan Tanah Dangkal | Geodika: Jurnal Kajian Ilmu dan Pendidikan Geografi 4 (1), 22-31 | Jurnal Nasional Terakredita si Sinta 4 |
| | | AM Julius, RM Taruna, SYS Putra, PKG Arta, BFAR Negara, A Yullatifah, IDK Kerta Widana | https://scholar.goo gle.com /scholar?oi=bibs& cluster= &btnI=1&hl=en | |
| 46. | 2020 | Lição de Redução de Riscos de Catástrofes do enxame Halmahera 2017 e do terramoto de Lombok 2018 R Hidayat, AM Julius, W Wilopo, IDKK Widana | NUSANTARA: Jurnal Ilmu Pengetahuan Sosial 7 (1), 238-245 https://scholar.goo gle.com /scholar?oi=bibs& cluster= &btnI=1&hl=en | Jurnal Nasional Terakredita si Sinta 5 |
| 47. | 2020 | Analisisis Kesiapsiagaan Dan Kapasitas Fungsional Rsud Dr. M. Yunus Bengkulu Dalam Penanggulangan Bencana Gempa Bumi S Mardatillah, IDKK Widana | Jurnal Manajemen Bencana (JMB) 6 (1) https://scholar.goo gle.com /scholar?oi=bibs& cluster= &btnI=1&hl=en | Jurnal Nasional Terakredita si Sinta-5 |
| 48. | 2020 | Analisisis Jenis Komoditas Unggulan Dan Pengaruh Anggaran Pertahanan, Produk Domestik Bruto Indonesia, Nilai Tukar Rupiah, Serta Harga Komoditas Terhadap Nilai Ekspor Komoditas ... C Pratama, Y Sutrasna, IDKK Widana | Ekonomi Pertahanan 6 (1) https://scholar.goo gle.com /scholar?oi=bibs& cluster= &btnI=1&hl=en | Jurnal Nasional |

| | | | | |
|---|---|---|---|---|
| 49. | 2020 | Kearifan Lokal dan Partisipasi Persekutuan Dayak Kalimantan Timur dalam Menghadapi Bencana Kebakaran Hutan dan Lahan D Dirhamsyah, DB Utama, N Widyaningrum, IDK Widana | PERSPEKTIF 9 (2), 314-321 https://scholar.goo gle.com /scholar?oi=bibs& cluster= &btnI=1&hl=en | Jurnal Nasional Terakredita si Sinta 4 |
| 50. | 2020 | A Importância do Conhecimento de Desastres na Primeira Infância para o Investimento Futuro N Widyaningrum, AP Nurhadiyanti, IDKK Widana | Proceeding International Conference on Science and Engineering 3, 605-609https://scholar. google. com/scholar?oi=bi bs&clus ter=&btnI=1&hl=e n | Prosiding Nasional ISBN |
| 51. | 2020 | Degradasi Moral sebagai Dampak Kejahatan Siber pada Generasi Millenial di Indonesia N Marufah, HK Rahmat, IDKK Widana | NUSANTARA: Jurnal Ilmu Pengetahuan Sosial 7 (1), 191-201 https://scholar.goo gle.com /scholar?oi=bibs& cluster= 154998392703776 66773 &btnI=1&hl=pt | Jurnal Nasional Terakredita si Sinta 5 |
| 52. | 2020 | Pemberdayaan Masyarakat oleh Bintara Pembina Desa (Babinsa) dalam Meningkatkan Kesejahteraan Rakyat HK Rahmat, J Banjarhanor, N Ma'rufah, IDKK Widana | NUSANTARA: Jurnal Ilmu Pengetahuan Sosial 7 (1), 91-107 https://scholar.goo gle.com /scholar?oi=bibs& cluster= &btnI=1&hl=en | Jurnal Nasional Terakredita si Sinta 5 |
| 53. | 2020 | Implementação da Aldeia Resiliente na Aldeia de Gunung Geulis, Sub-regência de Sukaraja, Bogor, Java Ocidental Almirante Musa Julius, Nrangwesthi Widyaningrum, Ainun Najib, Andi Ahmad | Swabumi 8 (1), 1-10 https://scholar.goo gle.com /scholar?oi=bibs& cluster= &btnI=1&hl=en | Jurnal Nasional Terakredita si Sinta 5 |

| | | Aminullah, Hani Syarifah, Hendro Pratikno, Ifad Fadlurrahman, Khairunnisa Adri, Tego Suroso, Rizkia Mutiara Ramadhani, I Dewa Ketut Kerta Widana | | |
|---|---|---|---|---|
| 54. | 2020 | Pengaturan Kenaikan Pangkat Pegawai Negeri Sipil Penyesuaian IjazaH (Sesuai Dengan Peraturan Pemerintah Nomor 12 Tahun 2002 Tentang Kenaikan Pangkat Pegawai Negeri Sipil) IDK Widana | Kerta Dyatmika 17 (1), 71-86 https://scholar.goo gle.com /scholar?oi=bibs& cluster= &btnI=1&hl=en | Jurnal Nasional Terakredita si Sinta 5 |
| 55. | 2020 | Peran Kementerian Pertahanan Ri Dalam Penanggulangan Bencana Buatan Manusia (Desastre provocado pelo Homem) A Manuella, IDKK Widana | Jurnal Manajemen Bencana (JMB) 6 (1) https://scholar.goo gle.com /scholar?oi=bibs& cluster= &btnI=1&hl=en | Jurnal Nasional Terakredita si Sinta-5 |
| 56. | 2006 | Pengaruh kebisingan terhadap terjadinya gangguan pendengaran pada para teknisi (Ground Crew) pesawat tempur TNI AU di Lanud Iswahyudi Tahun 2006 IDK Kerta Widana Universitas Indonesia. Fakultas Kesehatan Masyarakat | Jurnal Universitas Indonesia. Fakultas Kesehatan Masyarakat https://scholar.goo gle.co.i d/citações | Jurnal Nasional |
| 57. | 2019 | Prepraredness de desastre na cobertura de incêndios de turfeiras para o sucesso dos jogos asiáticos de 2018 Widana IDK Kerta, Bohari Adlan | Desastres Avança 13 (Vol.13 (10) Outubro 2020), 5-12 https://www.scopu s.com/r ecord/display.uri?e id=2- s2.0- 85091503570&ori gin=res ultslist | Jurnal Terindeks Scopus internasion al Q4 |

| 58. | 2019 | Urgensi Pencegahan dan Pengendalian Risiko Infeksi Leishmaniasis atas Kontingen Garuda di Lebanon *I Dewa Ketut Kerta Widana - Indonésio Universidade de Defesa, Bogor, Indonésia Abimanyu Hilmawan - Universidade de Defesa da Indonésia, Bogor, Indonésia | Jurnal Kesehatan Lingkungan Indonesia Undip Vol 18, No 1, Abril 2019 https://ejournal.un dip.ac.id / index.php/jkli/artic le/view/ 22093/0 https://scholar.goo gle.co.i d/citações | Jurnal Nasional Terakredita si Sinta 2 |
|---|---|---|---|---|
| 59. | 2019 | Implementação de Sister Village como Alternativa para Manuseamento de Refugiados no Monte da Erupção Agung: Estudo de caso na aldeia de Semarapurakangin, Bali FA Kharis, BD Priambodo, MP Rizayati, IDKK Widana | Kebijakan Pemerintah Provinsi Bali dalam Pengelolaan Sumber Daya Daerah https://scholar.goo gle.com /scholar?oi=bibs& cluster= &btnI=1&hl=en | Jurnal Nasional |
| 60. | 2019 | Análise dos Valores de Sabedoria Locais na Perspectiva de Catástrofes na Regência de Nias do Sul, Província de Sumatera do Norte EE Mendrofa, IDKK Widana, S Triutomo | PertemuanIlmiah Tahunan Ke-6 PROCEEDINGB OOK VOL. 4 (2019), 349 https://scholar.goo gle.com /scholar?oi=bibs& cluster= &btnI=1&hl=en | Prosiding Nasionalbe r ISBN |
| 61. | 2019 | Capacidades Adaptativas das Comunidades de Agricultores Face a Catástrofes de Seca na Dimensão da Utilização da Tecnologia AM Ulya, NI Sari, IDKK Widana | PertemuanIlmiah Tahunan Ke-6 ICDM PROCEEDINGB OOK VOL. 2 (2019), 371 https://scholar.goo gle.com /scholar?oi=bibs& cluster= &btnI=1&hl=en | Prosiding Nasionalbe r ISBN |

| 62. | 2019 | Esforços de Mitigação de Incêndios Florestais e Terrestres para Mudanças na Qualidade do Ar N Safitry, IDKK Widana | PertemuanIlmiah Tahunan Ke-6 ICDM PROCEEDINGB OOK VOL. 3 (2019), 297 https://scholar.goo gle.com /scholar?oi=bibs& cluster= &btnI=1&hl=en | Prosiding Nasionalbe r ISBN |
|---|---|---|---|---|
| 63. | 2019 | O Efeito da Gestão de Estratégias de Serviço no Inquérito de Qualidade da Satisfação Pública na Resposta a Emergências Nucleares no RSG-GAS Serpong, TRIGA2000 Bandung e Kartini ... SH Sumantri, D Apriliani, IDKK Widana | International Review of Management and Marketing 9 (6), 67-75 https://scholar.goo gle.com /scholar?oi=bibs& cluster= &btnI=1&hl=en | Jurnal Internasion al |
| 64. | 2019 | Sistem Informasi Geografis (Sistema de Informação Geográfica) Kerentanan Bencana IDK Kerta Widana, Siswo Hadi Sumantri, Makmur Supriyatno, Sobar Sutisna | Magister(S2) BahanAjarProgra m Magister(S2) https://scholar.goo gle.com /scholar?oi=bibs& cluster= &btnI=1&hl=en | Bahan Ajar ber ISBN |
| 65. | 2019 | Bahan Ajar Pengurangan Risiko Bencana IDK Kerta Widana | Magister do Programa BahanAjar (S2) https://scholar.goo gle.com /scholar?oi=bibs& cluster= &btnI=1&hl=en | Bahan Ajar ber ISBN |
| 66. | 2019 | PEMANFAATAN INFORMASI BAHAYA PETIR SEBAGAI FUNGSI PROTEKSI SUMBER DAYA NASIONAL AW Sandi, AM Julius, IDKK Widana, AA Aminullah | Jurnal Meteorologi Klimatologi dan Geofisika 6 (3), 1-5 https://scholar.goo gle.com /scholar?oi=bibs& cluster= &btnI=1&hl=en | Jurnal Nasional Terakredita si Sinta 4 |
| 67. | 2019 | Irmã Aldeia Sebagai Alternatif Penanganan Pengungsi Erupsi Gunung Agung FA Kharis, B Dwinanto, | Jurnal Dialog dan Penanggulangan Bencana 10 (2), 118-126 https://scholar.goo | Jurnal Nasional |

| | | IDKK Widana | gle.com /scholar?oi=bibs& cluster= &btnI=1&hl=en | |
|---|---|---|---|---|
| 68. | 2019 | Socialização para o Sector Privado de Hotelaria e Restauração no Pós-Desastre do Tsunami em Banten, 2018 AM Julius, SD Anugrah, IDKK Widana | NUSANTARA: Jurnal Ilmu Pengetahuan Sosial 6 (3), 548-553 https://scholar.goo gle.com /scholar?oi=bibs& cluster= &btnI=1&hl=en | Jurnal Nasional Terakredita si Sinta 5 |
| 69. | 2019 | Implementasi Rencana Kontinjensi Nuklir Reaktor Riset Dalam Upaya Kesiapsiagaan Nuklir D Aprialiani, IDKK Widana | Jurnal Manajemen Bencana (JMB) 5 (2) https://scholar.goo gle.com /scholar?oi=bibs& cluster= &btnI=1&hl=en | Jurnal Nasional Terakredita si Sinta-5 |
| 70. | 2018 | Analisisisis Hasil Potensi Psikologi dan Pembinaan Karier Bintara Unggulan TNI AD Pada Rekrutmen Talenta Atlet Berprestasi (Studi Kasus di DISJAS AD TA. 2013-2107) R Widiyanti, IDKK Widana, S Supandi | Jurnal Strategi Pertahanan Darat 4 (3) https://scholar.goo gle.co.i d/citações | Jurnal Nasional |
| 71. | 2018 | Diplomasi Pertahanan Dalam Kerjasama Redução de Emissões por Desmatamento e Degradação Florestal Mais Conservação (REDD+) Tahun 2011- 2015 Terhadap Peningkatan Posisi Tawar ... TN Maharani, IDK Kertawidana, D Wirengjurit | Jurnal Diplomasi Pertahanan 4 (1) https://scholar.goo gle.co.i d/citações | Jurnal Nasional Terakredita si Sinta 3 |
| 72. | 2017 | Faktor risiko (lugares de reprodução, lugares de descanso, perilaku kesehatan lingkungan, dan kebiasaan hidup) pada kejadian luar biasa demam berdarah dengue di kecamatan cikupa kabupaten Tanggerang P Anggraeni, H Heridadi, | Jurnal Manajemen Bencana 4 (1) https://scholar.goo gle.co.i d/citações | Jurnal Nasional Terakredita si Sinta-5 |

| | | IDKK Widana | | |
|---|---|---|---|---|
| 73. | 2017 | Serviços de Alerta Precoce e Informação de Catástrofes Meteorologia, Climatologia e Empregados da Agência de Geofísica | InternationalJourn alof Multi Discipline Science (IJ-MDS) 1 (2), 129-136 | Jurnal Internasion al |
| | | Desempenho Observado pela sua Motivação e Competência DAP Sari, M Malahayati, T Nefianto, IDK Kertawidana | https://scholar.goo gle.co.i d/citações | |
| 74. | 2017 | Pencegahan Perilaku Agresif: Pengaruh Pendidikan Perdamaian dan Literasi Media Terhadap Pemahaman Siswa Tentang Agresivitas L Noorfitriyani, D Gunawan, IDK Kertawidana | Jurnal Damai dan Resolusi Konflik 4 (1), 1-20 https://scholar.goo gle.co.i d/citações | Jurnal Nasional |
| 75. | 2016 | Análise de políticas: Substituição de Diesel (Solar) por Biodiesel Eddy Herjanto dan I Dewa Ketut Kerta Widana | Jurnal Online Pertahanan Vol. 2 Nomor 2 Tahun 2016 http://www.Jurnal. idu.ac.id https://scholar.goo gle.co.i d/citações | Jurnal Nasional Terakredita si Sinta 3 |
| 76. | 2016 | Efektivitas Lembaga Kesehatan Penerbangan dan Antariksa (Lakespra) TNI AU Mencetak Dokter Penerbangan (Cirurgião de Voo). I Dewa Ketut Kerta Widana | Jurnal Pertahanan Abril 2016, Volume 6, Nomor 1A ISSN: 2087-9415 | Jurnal Nasional Terakredita si Sinta 3 |
| 77. | 2016 | A Influência do Cordão de Pérola da China para a Realização do MP3EI no Contexto do Mercado Livre da ASEAN 2015 E Matondang, IDKK Widana Diplomasi Pertahanan 2 (3) | Jurnal Online Program Studi Universitas Pertahanan Indonesia: Prodi Diplomasi Pertahanan 2016 http://www.Jurnal. idu.ac.id https://scholar.goo gle.co.i d/citações | Jurnal Nasional |

| 78. | 2016 | "Reforçar o Papel dos Recursos Humanos na Defesa da Indonésia para enfrentar a Quarta Geração de Guerra". Elly Sebastian dan I Dewa Ketut Kerta Widana. | Jurnal Pertahanan, Setembro-Dezembro 2016, Volume 6 Nomor 3A, hal. 119-130. ISSN 2087-9415 https://scholar.goo gle.co.i d/citações | Jurnal Nasional Terakredita si Sinta 3 |
|---|---|---|---|---|
| 79. | 2006 | Pengaruh kebisingan terhadap terjadinya gangguan pendengaran pada para teknisi (Ground Crew) pesawat tempur TNI AU di Lanud Iswahyudi Tahun 2006 IDK Kerta Widana Universitas Indonesia. Fakultas Kesehatan Masyarakat | Jurnal Universitas Indonesia. Fakultas Kesehatan Masyarakat https://scholar.goo gle.co.i d/citações | Jurnal Nasional |
| | | | | |

# RIWAYAT MENULIS BUKU BER-ISBN

| NÃO | JUDUL BUKU | ISBN | TANGGAL TERBIT | PENERBIT |
|---|---|---|---|---|
| 1. | BUKU KEAMANAN NASIONAL | 978-623-02-4311-0 | 01-03-2022 | CV. BUDI UTAMA |
| 2. | BUKU AJAR KARAKTER BANGSA DAN BELA NEGARA | 978-623-58-8503-2 | 10-11-2021 | UNHANPRESS |
| 3. | BUKU SISTEM AJAR INFORMASI GEOGRAFI (INFORMAÇÃO GEOGRÁFICA SISTEMA) KERENTANAN BENCANA | 978-602-53-845-5 | 04-11-2019 | CV. MAKMUR CAHAYA ILMU |
| 4. | BUKU AJAR KERJA SAMA SIPIL MILITER DALAM PENANGGULANGAN BENCANA | 978-602-58-0868-5 | 09-10-2019 | UNHANPRESS |
| 5. | BUKU AJAR MANAJEMEN DARURAT DAN PEMULIHAN BENCANA | 978-602-58-0845-67-8 | 05-09-2018 | UNHANPRESS |
| 6. | BUKU AJAR PENGURANGAN RISIKO BENCANA | 978-602-5384-59-2 | 05-09-2018 | CV. MAKMUR CAHAYA ILMU |
| 7. | UMA DIRECTRIZ: FLORESTA BANHOS PARA A FLORESTA GUIA THERAPY | 978-623-02-4886-3 | 25-07-2022 | DEEPPUBLISH |
| 8. | BUKU METODOLOGI PENELITIANO: KUANTITATIF, KUALITATIF, DAN KOMBINASI | 978-623-02-5166-5 | 01-08-2022 | DEEPPUBLISH |

**RIWAYAT PATEN / HAK KEKAYAAN INTELEKTUAL (HKI)**

| NĀO | NAMA PATEN/HKI | TAHUN | KETERANGAN |
|---|---|---|---|
| 1. | BUKU MANAJEMEN PENGURANGAN RISIKO BENCANA | 22 JUNI 2022 | HAK CIPTA NASIONAL, KEMENTERIAN HUKUM DAN HAK ASASI MANUSIA RI. NOMOR CIPTAAN EC00202238522 |
| 2. | BUKU KEAMANAN NASIONAL | 01 MARET 2022 | HAK CIPTA NASIONAL, KEMENTERIAN HUKUM DAN HAK ASASI MANUSIA RI. NOMOR CIPTAAN EC00202231211 |

*Demikian, Daftar Riwayat Hidup ini dibuat dengan sebenarnya dan apabila terdapat kesalahan, saya bersedia mempertanggungjawabkannya.*

*Jacarta, 1 Oktober 2022 Yang Bersangkutan,*

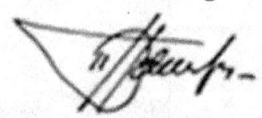

*Dr.I Dewa Ketut Kerta Widana, SKM, MKKKK., CIQnR., CIQaR., CIMMR*
*Kolonel Kes NRP. 516772 NIDN : 4709106401*

CPSIA information can be obtained
at www.ICGtesting.com
Printed in the USA
LVHW111224230223
740172LV00005B/169